シリーズ「志のチカラ」②

中村文昭という生き方

出会いを通して自分に出会う！

著者　甲田智之
監修　横井悌一郎

プロローグ

◆人を喜ばせる人が、魅力的になっていく。

「……知らない顔だな」

「どんな話をするんだろう」

そう思う人がほとんどだった。冷やかさはない。けれど間違いなく、居合わせた数十名の経営者たちは皆、見知らぬ若者の登壇に戸惑っていた。

小さな会議室が、少しだけざわつく。

答えを求めるように、会の主催者である横井悌一郎のほうを見ても、「まあ、聞いたらわかるから」と言ってほほ笑むばかり。

「この見知らぬ男は、いったい何者なのだろう」

「いったい、どんな話をするのだろう」

そんな中、若者はゆっくりとパイプ椅子へ向かう。

……緊張してるんかな、俺。

いや、緊張ではない。これは高揚だ、と思いなおす。映画がまわりはじめたときのような、静かだけどとても激しい高揚だった。そして、ほんの少しの照れくささ。

何を話すかは、決まっていない。

そもそも、講演なんてしたことがない。


横井さんから声が掛かったのが、およそ一週間まえ。

「おもろいなあ。**きみの半生には、これからを生きていく道しるべ、幸せに生きていくヒント、何より魂を揺さぶる何かがある。**ちょっと講演してみいへんか」

できない、という選択肢はなかった。やるまえから「できない」と断言できることなんて、この世にひとつだってないのだから。何だってやってみなくちゃ、わからない。

「できない理由を言わない」

「頼まれごとは、試されごと」

「そのうち、と言わず、今できることをやる」

そして。

「返事は、0・2秒」

心に刻まれ、血肉となっている言葉たち。損得は考えない。心で反応する。若者はほとんど反射的に「わかりました」と答えていた。

もう後戻りはできない。経営者たちが揃って、若者の顔をじっと見つめている。今か今か、と彼の話を待っている。

若者はパイプ椅子に座り、ゆっくりと顔を上げた。

同時に、母親の笑顔がひとりでに浮かび上がってくる。おかしそうに手を叩いて笑っている。つられて、こちらも笑ってしまう。

若者はいつも心に、母親の笑顔を持っていた。

「笑ってほしい。もっと笑わせたい。もっともっと喜ばせたい」

子どもの頃から、ずっとそう思っていた。

その思いはやがて、母親から目のまえにいる人たちへと移っていく。「喜んでほしい。喜ばせたい」という純粋な気持ちがいくつものご縁を紡いで、若者の今がある。

人を喜ばせる人が、魅力的になっていく。

「……まさか、俺が講演することになるなんて」

思えば、いろんなことをやってきた、と若者は思う。

もちろん、かっこいいことばかりではなかった。叱られることだってあった。情けなくてどうしようもなくて、恥ずかしい思いもいっぱいしてきた。

けれど、人生に無駄なことなんてひとつもない。

何のためにやっているのか、と問いつづければ、これまでの経験すべてが生きてくる。


――その男、中村文昭。

「さあ、これから何を話そう」


文昭さんが人生ではじめて行なった、小さな会議室の、小さな小さな規模の講演会。すなわち、伝説のはじまりであった。

「まあ、どうもどうも」

ずっこけそうになるぐらい、文昭さんの声は明るかった。

以来、心に火をつける講演家と呼ばれ、年間三百回の講演を行なうことになるなんて、そのときは居合わせた誰も、文昭さん本人でさえ思いもしなかった。

何より「質問をしていくから、僕との会話で進めていこう」と言ってくれた横井さんを置いて、ひとりでしゃべりまくることになるなんて、誰が想像できただろうか。

伝説の初日から、文昭さんはしゃべりまくった。


この日、笑いすぎて泣きすぎて、顔の筋肉を痛めた人が続出した、という。

◆自分を知る手がかりは、人と出会うこと。人と出会うことで、本来の自分と出会うことができる。

学ぶ、とは、真似ぶ、から来ているという。

真に似せることで、人生を動かすほどの学びが得られる、と先人たちは知っていた。


この本は、中村文昭という男の「本質的」な考え方、生きざまを追いながら、誰でも「真似ぶ」ことができるように、物語風にまとめたもの。

文昭さんも言う。

「あの人やったら、どうするかな。ぐるぐる考えをめぐらせて、**自分以外の脳みそを借りたら、意外と簡単に、壁を突破することができる**」

損得はない。目のまえにいる人を一所懸命、喜ばせて喜ばせて、そうするうちにいつのまにか、たくさんのご縁に恵まれて、でっかい人生へと広がっていった。

想像をはるかに超える、驚くような、でっかい人生。

そんな「人と人」を大切にする、文昭さんの生きざま、「あり方」は、これからの時代を生きていく道しるべになる。

人が生きるには、「志」があるかないか、で大きく違ってくる。

志とは、「どう生きるか」ということ。やり方ではない、あり方のこと。文昭さんにとって、「どう生きるか」の答えは何なのか。

そして、あなたの「志」は何なのか。これからをどう生きていくのか。

その答えを中村文昭という物語の中で見つけられたら、と願っている。

ちなみに、冒頭少しだけ登場した、横井悌一郎氏は、LMP（ライフ・マネジメント・プログラム）人持ち人生塾の塾長であり、この「シリーズ志のチカラ」の監修者である。

文昭さんを講演家へと導いた本人である。

LMPとは、**「自分は、自分の人生の経営者である」**という考えのもと、志を立て、良き仲間に恵まれていく「幸せな生き方の基本」を学び、実践するところ。

学ぶ者に垣根はない。大企業の経営者も、起業まもない若者も、会社員も、主婦も、みんなが友となってわきあいあいと学んでいる。

文昭さんも、LMP人持ち人生塾の塾生だった。

文昭さんは言う。

「横井さんは、僕にとって第二の師匠です」

○

今読んでくださっているこの本は、そんな文昭さんと横井塾長の出会い、そしてあなたとの出会いによって叶えることができました。

自分を知る手がかりは、人と出会うこと。

人と出会うことで、本来の自分と出会うことができる。

中村文昭という人間の、本質的な生き方を通して、「これからを生きる、素のあなた自身」と出会う旅が、ここからはじまります。

どうか、「どう生きるのか」をみずからの心に問いかけながら、楽しく読んでいただければ、と思います。

甲田　智之

目次

プロローグ

第1章　志の原点
祖父・両親・幼少期・中学・高校

第2章　志の高まり
上京・師匠との出会い・行商生活

第3章　志の試練
バーテンダー・伊勢への凱旋・起業・挫折

第4章　志の展開
LMPとの出会い・横井塾長との出会い・講演家へ

第5章　志の深化と広がり

耕せにっぽん・クロフネファーム・ご縁紡ぎ大学・子育てのこと

台湾と飛虎将軍のお神輿・そして原点へ

志の原点

第1章

祖父・両親
幼少期
中学・高校

◆子どもの頃に、答えがある。

すべての人の「原点」は、子どもの頃にある。

何の計算もない。「やりたい。やってみたい」という気持ちにとことん素直で、好奇心に胸を膨らませて「どうせできないだろう」という否定なんて、まったく思わない。ハダカの心でぶつかっていた、あの頃。


文昭さんは言う。

「子どもの頃に、答えがある」

だからもし、立ち止まることがあったら、子どもの頃を思い出すといい。子どもの頃のあなたは、大人になった今のあなたにきっと、ほほ笑みかけてくれる。


——中村文昭、小学二年生。

透きとおる水面の、その奥をじっと見つめていた。

にじり寄って、狙いを定める。

息を止めるような、一瞬の間があったのち、文昭少年は思いきり網を振り上げた。水しぶきとともに、一匹のアユが網の中でぴちぴちと跳ねる。

「やった。七匹目」

これまでの最高記録。

「あかん。はやくしゃべりたい」

小学二年生の野生児は、うおおおとか、うひょおおとか叫びながら、バケツをぐるぐるまわして、山みちを駆けていく。夏の夕暮れを背に、スピードをぐんぐん上げていく。

昭和五十年の、三重県宮川村（現 大台町）。

そこには、日本の原風景があった。小さなお地蔵さまを過ぎる。空の匂いも、畑や野菜の匂いも、川の匂いも、胸いっぱいに吸い込んでいく。

文昭少年は勢いそのまま、家の玄関へ飛び込んだ。

「ただいま」

「おかえりっ」

待ってました、とばかりに、母親が奥からバタバタと駆けてくる。すかさず「どうやった？」と尋ねて、バケツの中を覗き込んだ。

この「どうやった？」が聞きたかった。

文昭少年はうれしくて誇らしくて、笑いが止まらない。

「ほら。これまでの最高記録や」

「うわっ、すごいな」

母親は息子に負けないぐらい、目をきらきらと輝かせて驚く。そして文昭少年の話に耳をかたむけて、うんうんとうなずき、腹を抱えて笑う。

ひとしきり笑った後、母は決まってこう言った。

「あんたは、天才やな」

大漁の日も、不作の日も関係ない。

母親は毎日、「どうやった？」と尋ね、文昭少年の話に耳をかたむけて、うんうんとうなずき、腹を抱えて笑う。そして「あんたは、天才やな」とうれしそうに言う。

魔法の言葉だった。

子どもの存在をまるごと認めて、自信を与え、可能性を最大限に引き出す言葉。**母親は毎日まいにち、「あんたは、天才やな」とくり返し言いつづけた。**

当然、文昭少年は思う。

……ああ、間違いない。俺は天才なんやな。

◆相手を喜ばせることが、自分の喜びになる。

子どもなら誰だって、親に喜んでほしい、と思う。

そう尋ねる母親を、もっと笑わせたい。もっともっと喜ばせたい。その一心で、文昭少年は学校でのできごとをネタに変えてしゃべりまくった。

「どうやった?」

「どうすれば、もっと喜んでくれるんやろう」

あの話をしたろか、この話をしたろか。こんなたとえ話を入れたら、もっと面白くなるんと違うか。文昭少年はずっとそんなことを考えていた。

喜ばせたい、が自分の真ん中にあった。

喜んでくれたら、自分もうれしくなる。**相手を喜ばせることが、自分の喜びになる。**文昭少年はいつのまにか、そう思うようになっていた。

たくさん笑っていた。とにかく無邪気で、全力だった。

タケノコを掘っては転がしてみたり、高い岩場から清流へ飛び込んでみたり、素手でトンボを捕まえてみたり、カブトムシとクワガタを戦わせてみたり。

当時の田舎には、「用意された遊び」がない。

大自然に抱かれて、いろいろ工夫しながら、遊びをつくっていた。何もないところから、面白い遊びをつくりだす。文昭少年は、それに夢中だった。


今思えば、と文昭さんは言う。

「なんもないところから、面白い遊びをつくりだしてて。だから今、新しい仕事をつくるとか、ゼロから企画を立ち上げるっていうのが、楽しくてしょうがないんです」

そういうのも、原点になっているんだと思う。


あるとき、誰かの法要があって、親戚のおじさんが宮川村へ来たことがあった。名古屋に住んでいるおじさんで、文昭少年と会うのは、本当に久しぶりだった。

おじさんは和室でごろりんと横になって、しきりにあくびをしていた。ふと、家中をバタバタと駆けまわっていた文昭少年を呼び止める。

「なあ、文昭」

「ん、どうしたん?」

「ここには何にもないなあ」

おじさんはまた、大きなあくびをする。

「……そうかな?」

「思わんか。何にもないし、ただただ退屈なところだて」

「……タイクツ?」

文昭少年は、首をかしげた。「タイクツって何なん?」

「なんや文昭、そんなことも知らんのか。やることが何にもなくて、楽しみもなくて、とにかく暇で暇で死にそう、っていうことだて」

驚いた。そんな言葉があるなんて。

宮川村には何でも揃っている。好奇心と想像力が止まらない。毎日が忙しくて、ぜんぜん時間が足りない。文昭少年は生まれてから一度も、退屈を感じたことがなかった。

何もないとは、何でもあるということ。

人を喜ばせたい。面白い、をつくっていた。

このふたつが、中村文昭の原点だった。とくに、「人を喜ばせたい。人の役に立ちたい」

という思いは、中村家に代々伝わる「意志」のようなものだった。

◆子どもは親からもらう言葉で、心がつくられていく。

さらに幼い頃の記憶をたどる。

――中村文昭、五歳。

宮川村の男たちが、中村家の和室にずらりと並んでいる。だれも正座を崩そうとしない。緊張感がざわざわと音を立てて伝わってくる。男たちは揃って、うつむきながら汗を拭き、落ち着きがなかった。いつもとは違う雰囲気に、お茶を運んだ文昭少年は、障子の陰に隠れ、中の様子をそっと覗いていた。

祖父が正面に座っている。

場の緊張感はすべて、祖父から放たれているようだった。

中村家は、宮川村における名家のひとつ。祖父は山林業を営む事業家であった。奔放でありながらも厳しく、なかなか近寄り難かった、という。

そんな祖父に対して男たちが、折り入って、という風に口を開いた。

「……お寺の屋根を改修したい」

地域にひとつしかないお寺の屋根が、長年の風雨にさらされて朽ちかけている。どうしたものか、と男たちが話し合った末に、祖父のもとへやって来たらしい。

男たちは汗を掻きながら、ずっと遠まわしに伝えていたが、要するに「お金を工面してほしい、ということやろうな」と幼い文昭少年にもわかった。

その額、およそ一千万円。

当時を考えれば、今以上の大金である。


……どうするんやろう、じいちゃん。


腕を組んだまま、黙って聞いていた祖父だったが、やがて大きくうなずいた。

「わかった。……ただし、条件がある」

そう言って、同じく宮川村の名家、ふたりの名前を挙げた。

「俺が、半分の五百万を出す。俺の名前を出して、ふたりそれぞれには、二百万ずつを出してもらえ。残りの百万は小さく割って、村の人たちに出してもらいたい」

「……ええんですか」

「そして、俺たちが金を工面したことは決して口外するな」

「えっ？」

「自分ごとにしなければ、愛着が生まれない。〈あの人がお金を出したから〉では、なかなか大切にできんやろう」

祖父は手を叩き、その場で現金五百万円を用意させた。

風呂敷のうえに置かれた現金の束に、文昭少年はもちろん、男たちだってただ呆然《ぼうぜん》と見つめるばかりだった。

「あ、ありがとうございます」


おそらく一千万円を用意することもできただろう。

けれど、全額を出すことが、相手のためになるとは限らない。

喜ばせる、とはいったい何なのか。本当の意味で「人の役に立つ」とは、いったいどういうことなのか。

喜ばせる、とは、幸せを生むもの。

決して甘やかすことではない。優しいばかりが、愛情ではない。**ときに厳しくても「相手の心に、幸せを芽生えさせる」ことこそ、本当の「喜ばせる」**である。

祖父は、それを知っていた。

文昭さんはそのときの光景を強烈に覚えているという。


「信用万事の本を為す」

掛け軸にするほど、祖父が大切にしていた言葉。

なにをするにも、人とのつながり、「信用」こそが、最大の財産となる。自分ひとりが得をすれば良い、と考えるのではなく、相手に喜んでもらって信用してもらう。

「求め合うより、与え合う」

その営みが人生をより一層、好転させていく秘訣である。


文昭少年にとって、祖父はずっと怖い存在だった。

近寄り難く、祖父と一緒に遊んだ、という記憶はほとんどない。――ただ、文昭さんは間違いなく、祖父の影響を受けている。

中村文昭、生後七ヶ月。


たまたま居合わせた祖父が、文昭さんの母親に声をかけた。

「おい、その子どもを這わせてみろ」

唐突だった。

よくわからないまま、母親は文昭さんを這わせる。よちよちと進む文昭さん。

祖父はしばらくその様子をじっと見つめ、おもむろに文昭さんの小さな手を取り、手相を見た。そして母親に言う。

「……この子は、ちょっと面白い子になる」

「えっ？」

驚く母親をよそに、祖父はつづけた。

「おまえの頭で、この子を育てたらあかんぞ。おまえの感覚を植えつけるな。そんなことをしたら、おまえ以上の人間にならん。この子は面白い子になる、あるがままに大きくせえ」

「わ、わかった」

祖父がそんなことを言うのは、とても珍しいことだった。

しかも、話はここで終わらない。文昭さんが成長してからも、母親は何百回とその話を直接、息子に聞かせたという。

「あんたは面白い子になる、ってじいちゃんが言うてたんよ」

——その結果。

「あのじいちゃんがそんな風に言うってことは、俺はたぶん、ほんまに面白い人生を生きることになるんやろうな」

文昭少年はそう信じるようになった。

根拠はなかったかもしれない。

けれど、**子どもは親からもらう言葉で、心がつくられていく**。少し立ち止まって、親からの言葉を思い出せば、思いがけず「これからを生きる答え」に出会うことがある。

厳しく、奔放であった祖父とは対照的に、父親はもの静かで実直な人だった。

祖父から引き継いだ山林事業を、黙々と守りつづけた。

穏やかで、目立つことを嫌う。文昭少年は「もっとじいちゃんみたいに、どんどんまえに出ていったらええのに」といじらしく思うこともあったらしい。

ただ、大人になるにつれて、少しずつ考え方が変わってきたという。

「積み重ね、という糸を撚《よ》ってゆけば、やがてまわりの人を運んでいける太い綱となる」

父はひたむきに、そういう生き方を貫いた。

一途一心。不平不満を言わず、たとえ小さな一歩でも、一歩、また一歩と歩いていく。その一歩がどれほど尊いものか、父親は知っていたのだろう、と思う。

◆どん底のときにこそ、本音が出る。その本音に、耳をかたむけること。

風が吹けば走り、木があればするすると登っていく。虫を見かけたら捕まえ、川があれば飛び込み、動物と出くわせば追い、ときに追われて、笑い転げながら家へ帰っていく。

小学生の野生児をさえぎるものは、何もなかった。

——ただ、学校という場を除いては。

「遅刻するな、と言っただろう」

「どうして先生の言うことが聞かれへんのや」

しなければならない。してはならない。

あれをしろ。これをしろ。すべて決められた枠に押し込められていく。少しでも枠から外れたら先生に叱られる。枠の中にいる子だけが「いい子」と呼ばれていく。

「……いい子って、誰にとっての〈いい子〉なんやろうか」

学校って、窮屈なところやな。

むかしからの友だちがいて、ちょっと気になる女の子がいて、バカな話をして笑わせて。それをネタに、帰ってからまた母親を笑わせて。

文昭少年が小学校へ通う理由は、それぐらいしかなかった。


とにかく笑わせることが、大好きだった。

けれど、――「笑わせる」って簡単ではない。笑わせるための言葉はときとして、相手を傷つける凶器にもなる。誰かを笑わせるために、誰かを傷つけてしまう。

まだ幼い文昭少年には、その加減がよくわかっていなかった。

良くも悪くも、笑わせることに全力だった。

先生はもちろん、少し成長のはやい女子であったり、まわりの友人たちはうすうす気づきはじめていたのだけれど。

いつか女子から言われたことがある。

「中村くんって、相手の気持ちを考えたことあるん？」

「……えっ？」

文昭少年は気づいていなかった。

少しずつ、少しずつ、まわりが距離を置きはじめていたことに。


そして。

——中村文昭、中学一年生。

もっとも多感なときに、事件は起こる。


いつもと同じ朝、のはずだった。

ぺらぺらのスリッパに履き替えて、いつもどおり教室へ入っていく。

「おいっす」

「……」

返事がない。けれどまあ、中学生にとっての挨拶とはそういうもの。文昭少年は気にも留めず、カバンを机にかけて、さっそく友だちの席へ向かった。

「なあ、昨日の……」

言いかけて、立ち止まる。

仲のいい友だちが、するりと教室から出ていくところだった。いつもなら面白い話を求めて、向こうから来てくれるのに。

……なんや、おかしいな。

クラスのだれとも視線が合わない。すっと避けられている、ような気がする。おいっす、とちょっとふざけぎみで投げかけた声でさえ、だれにも拾われず、ぽとりと床に落ちた。

「……」

いやいや。まさか、そんな。

二時間目が終わったところで、文昭少年は立ち上がった。

確かめるのが、怖い。怖いけれど、俺に限ってそんなことが、とも思っていた。間違いなく、クラスの人気者だったのだ。リーダー的存在だったのだ。

……なんかの間違いやろ。

文昭少年はつかつかと歩き、思いきっていちばん仲のいい友だちに声をかけた。

「ドッキリとか、もうえぇって」

おどけて言ったのに、声が震えてしまった。

しかも伸ばした手は、友だちに気だるく払いのけられ、返事さえもらえなかった。そのまま輪から外され、あとに残ったのは、後方から聞こえたくすくすという笑い声だけ。

すっと血の気が引く。

——無視、されている。

だが、その日は、はじまりに過ぎなかった。

怒りをぶつけても、返事がない。胸ぐらをつかんでやろうか、とも思ったけれど、状況が好転するとは思えない。教室の中で、文昭少年はひとりぼっちだった。

友だちがいない。くすくすという、うすら笑いだけがついてまわる。

まわりに対する怒りは、やがてやるせなさに変わり、弁当も黙ってひとりで食べた。学校にいても、ひと言も話さない日々が果てしなくつづいた。

だれからも「存在」を認めてもらえなかった。

喜ばせたい、笑ってほしい、もっともっと笑ってほしい。そんな思いを胸いっぱいに抱えていた文昭少年にとって、無視ほど心を、身体を、えぐるものはなかった。

喜ばせたいのに、喜ばせることができない。

笑ってほしいのに、笑ってもらうことができない。

自分がいかに喜んでもらいたかったのか、笑ってもらいたかったのか。文昭少年はいつ終えるともわからない、暗い日々の中で、いやというほど痛感した。

どん底のときにこそ、本音が出る。その本音に、耳をかたむけること。

ちょうど思春期に差しかかった時期でもあり、文昭少年はそのことをだれにも相談することができなかった。

学年全員から無視されている。先生にも、母親にも。──そう口にしてしまうと、これまで耐えてきた、自分の中の大切な何かが壊れてしまいそうだった。

けれど家に帰れば、いつもの調子で母親が「どうやった?」と尋ねてくる。屈託のない、母の笑顔はむしろ、鋭い刃物のようだった。

なるべく時間をかけて、とぼとぼと家に帰る。玄関のまえに立って、ため息をつき、文昭少年は無理やりスイッチを入れる。おもちゃのような満面の笑みをつくる。

そして、今日のことを面白おかしく、しゃべりまくった。

嘘ではない。本当にクラスで起こった、面白い話だ。クラス全員が腹を抱えて笑っていた話だ。――ただ、そこに自分がいないだけで。

しゃべるのを止めると、泣いてしまいそうだった。

だから、文昭少年はいつもより饒舌に、とにかくしゃべりまくった。

子どもは、ときとして残酷だ。容赦がない。

無視とうすら笑いに加えて、やがて机の中に雑巾を入れられる、体操服がごみ箱に捨てられる、教科書が切り刻まれている、と陰湿さが増していった。

知られたくない。家族には、とくに母親だけには絶対に知られたくない。けれど、陰湿さが増すにつれて、隠しきれなくなってきた。それほどまで、十四歳の文昭少年は精神的に追い込まれていた。

◆痛みを味わった者ほど、人の痛みに寄り添うことができる。

そしてついに、母親に知られることとなる。

「……あんた、母ちゃんにウソ言うてるんと違うか」

いつものしゃべりが、ピシャリとさえぎられた。

話の途中でさえぎられるなんて、はじめてだった。言葉に詰まると、逃げることを許さない、母親の突き刺すような眼がそこにあった。怒りに、ほんの少しの哀しみが混じっている。

文昭少年と、同じ眼をしていた。

ふっと文昭少年は視線をそらした、——瞬間、頬を叩かれた。

「なんで、目をそらすんよ。家族が腹を割って話さんで、どうするん」

「……」

「あんたがウソ言うたら、母ちゃんはあんたを守られへんやんか。あんたがまるごとぶつかってきてくれるから、母ちゃんはありのままのあんたを守れるんやで」

「……」

顔を上げることができなかった。

上げたらきっと、涙がこぼれてしまうから。

「本音で、本気で、ぶつからんでどうするん。なあ、向き合うって、そういうことやろ。家族って、母親って、そういうものやろ」

「……母ちゃん」

母親には敵わない。文昭少年は、恥ずかしさも悔しさも怒りもやるせなさも、抱えていたすべてを晒して、これまでのことを話しはじめた。

「……俺、学校でいじめられてんねん」

話していくうちに、どれほど苦しかったか、どれほどつらかったか。抑え込んでいたはずの、心の奥の声が溢れてきた。途中から、涙で声が潰れてしまったけれど。

母親はそんな息子の話に、じっと耳をかたむけていた。

息子の痛みは、息子だけの痛みではない。そのまま、母親の痛みでもある。苦しくないわけがない。——けれど、母親は唇を噛みながら考えていた。

なぜ、息子がいじめられているのか。

じつは、「もしかしたら……」と、思い当たる節があった。いつか、同じクラスの女子が言っていたという。

――中村くんって、相手の気持ちを考えたことあるん？

もちろん、まだ確定ではない。自分で見て、聞いて、確かめなければ。推測で、息子を疑ってはいけない。わかっている。

でも、もし予感が当たっていたら。

「……何が、息子のためになるのだろう」

慰めるだけなら、だれだってできる。しかし、本音で、本気で、ぶつかるってそういうことではないだろう。母親にできることって、よしよしと慰めるだけではないだろう。

きっと息子は「いじめられている原因は、外にある」と決めつけている。

けれど、**答えを外に求めているあいだは、決して答えにはたどり着かない。**そういうことがあるのだ。

自分の内がわを見つめなおすこと、そこにずっと探していた答えがあったりするのだ。

母親の行動は早かった。事実を確かめるため、翌日には学校へ向かい、担任と長いこと話し合った。――残念ながら、やはり母親の予感は的中していた。

家に帰るなり、母親は文昭少年を呼び、膝をつき合わせた。

「……ええか。母ちゃんも、あんたにウソなんて言いたくないから、腹を割った本音を言わせてもらうで」

そして、もともとの原因が、文昭少年にあることを告げた。

愕然としている息子に対して、母親はつづけて言う。

「いや、もっとはじめの原因をたどれば、そんなあんたに育てた母ちゃんの責任や。もとの原因は母ちゃんにある。だから、……ごめんな」

母親は、頭を下げた。

「……え、いや」

まさか、母親から謝られるなんて。予想外のことに、文昭少年はうろたえた。

叩かれるよりも、泣かれるよりも、一所懸命に自分を育ててくれたにも関わらず、母に「ごめんな」と言わせてしまったことが、何よりもつらかった。

頭を思いきり殴られたようだった。……母ちゃんが悪いんやない。悪かったのは、気づかいが足りんかった俺のほうや。

文昭少年は、顔を上げた。

「俺のほうこそ、ごめんな。許してもらえるかどうかはわからへんけど、俺、みんなにちゃんと謝るわ。……ありがとう、母ちゃん」

「それでこそ、母ちゃんの息子やわ」

母親は一貫していた。

させるのではなく、気づかせる。

——謝ったから、すべてがもとどおり、というわけにはいかなかった。けれど、無視されることはなくなって、話に加わるぐらいはできるようになった。

痛みを味わった者ほど、人の痛みに寄り添うことができる。

同じ時期、「人とのつながり、〈信用〉こそが、最大の財産になる」と言いつづけ、中村家、もっと言えば、宮川村の支柱であった祖父が亡くなっている。

とても大きな喪失感だった。

親族、村の人たちが泣き崩れている葬儀の場で、文昭少年はひとり立ち尽くして、じっと祖父の人情味あふれた生きざまを思い返していた。

もしかしたら、このときすでに、文昭少年の「志」は芽吹いていたのかもしれない。

◆明日、人生を変えるような、素晴らしい出会いが訪れるかもしれない。

文昭少年は、伊勢の皇學館高校へ進学する。

中学からの知り合いはひとりもいない。無視されていたことを知っている者は、ひとりもいない。新しい環境で、文昭少年の高校生活がはじまった。

ただ、真面目に過ごしたのは、入学式ぐらいだろうか。

高校生特有の思春期もあいまって、文昭少年はこれまで以上に、枠にはまらなくなっていく。中学のときの鬱屈とした日々の反動があったのかもしれない。

もっと、自由に生きたい。

心の中の声なき声を訴えるように、単車を走らせ、たばこを吸い、酒を飲んだ。生きようとするチカラをとにかく持て余していた。

当時、友だちのうち数人は、文昭少年のことをなかば本気で「デパート」だと思っていたらしい。

メモを片手に、注文をとりに来る文昭少年に対して、「これがほしい」「あれがほしい」と言うだけで、翌日には新品、かつ格安の商品が届けられる。

もちろん、正規のルートで仕入れたものではない。それらの商品はすべて、文昭少年が万引きしてきたものだった。

「なるほど。お金に縛られない生き方って、こういうことなんやな」

カンペキに間違えていた。

お世辞にも褒められる高校生活ではなかったが、ほかの非行とやや違う点があった。それが「堂々としていた」という点である。決して、こそこそしていなかった。

そのため、ちゃんと先生に見つかり、ちゃんとお仕置きを受けている。

もっと自由に生きたい、と願うことがそんなに悪いことなんか。

こそこそする理由がなかった。単車を走らせたら先生に見つかって停学になり、たばこを吸ったら先生に見つかって停学になり、酒を飲んだら先生に見つかって停学になった。

そのたびに、母親が謝り、停学期間中には「教育勅語」をひたすら書かされた。教育勅語とは、明治時代に発布された「教育ニ関スル勅語」のこと。文昭少年が通っていた皇學館高校は、教育勅語を重んじ、暗唱させることで知られている。

○

朕が思うに、我が御祖先の方々が国をお肇めになったことは極めて広遠であり、徳をお立てになったことは極めて深く厚くあらせられ、又、我が臣民はよく忠にはげみよく孝をつくし、国中のすべての者が皆心を一にして代々美風をつくりあげて来た。これは我が国柄の精髄であって、教育の基づくところもまた実にここにある。

汝臣民は、父母に孝行をつくし、兄弟姉妹仲よくし、夫婦互に睦び合い、朋友互に信義を以って交わり、へりくだって気随気儘の振舞いをせず、人々に対して慈愛を及すようにし、学問を修め業務を習って知識才能を養い、善良有為の人物となり、進んで公共の利益を広め世のためになる仕事をおこし、常に皇室典範並びに憲法を始め諸々の法令を尊重遵守し、万一危急の大事が起ったならば、大義に基づいて勇気をふるい一身を捧げて皇室国家の為につくせ。かくして神勅のまにまに天地と共に窮りなき宝祚《あまつひつぎ》の御栄をたすけ奉れ。かようにすることは、ただに朕に対して忠良な臣民であるばかりでなく、それがとりもなおさず、汝らの祖先ののこした美風をはっきりあらわすことになる。

ここに示した道は、実に我が御祖先のおのこしになった御訓であって、皇祖皇宗の子孫たる者及び臣民たる者が共々にしたがい守るべきところである。この道は古今を貫ぬいて永久に間違いがなく、又我が国はもとより外国でとり用いても正しい道である。朕は汝臣民と一緒にこの道を大切に守って、皆この道を体得実践することを切に望む。

【文部省図書局『聖訓ノ述義ニ関スル協議会報告書』の「教育に関する勅語の全文通釈」より引用】

○

悪さ、停学、悪さ、停学、そしてときどき恋愛、をくり返していくうちに、文昭少年の高校生活はまたたく間に過ぎていった。

高校三年生になり、まわりが進学や就職の準備を進めていても、文昭少年はひとり、「覗いてこそ、なんぼのもんじゃい」と女子更衣室を覗くことに余念がなかった。

やりたいことを、やる。まわりに惑わされず、みずからの情熱に従う。

——文昭少年は、自分に正直だった。

しかし、いよいよ進路指導の先生に呼び出される。

「なあ、中村。ほんまにどうするつもりなんや」

「……」

「おまえ、なんか夢とかないんか」

「……いや、べつにないです」

夢を持て、と言われても、ないものはない。文昭少年にとって、「今」がすべてだった。

それに「これが、自分の夢だ」と決めてしまったら、ほかの可能性を潰してしまうような気がして、まったく決めることができなかった。

夢という枠にさえ、とらわれない。

「俺ならもっと、デカいことができるはずや」

そして、文昭少年が下した結論は、――「決めないことを決めた」ということだった。すなわち、すべての可能性を潰さない、ということだった。人生の地図を、まっさらにしておく。

明日、人生を変えるような、素晴らしい出会いが訪れるかもしれないのだから。

◆これからの人生が甘いか甘くないかなんて、だれにもわかるわけがない。

ただ、「東京へ行こう」とは思っていた。東京へ行けば、人数が多い分、きっと自分の可能性が広がるに違いない。広い世界を見れば、デカいことだってできるはずだ。

ちょうど、ひと足先に上京していた兄の影響もあった、と思う。

けれど当然、両親は反対した。上京そのものを反対したわけではない。夢もないのに、ただ「東京へ行きたい」という息子の無謀さを案じてのことだった。

その後も、文昭少年と両親はたびたび口論をくり返した。

「兄ちゃんだって、行ってるやんか。なんで俺はあかんねん」

父親が言い返す。

「あほか。兄ちゃんはカメラマンになるっていう夢を持って東京へ行ったんや。なにも持ってへんおまえが行って、どないなるねん」

「そんなもん、行ったらわかるわい」

「人生、そんなに甘くないんやぞ」

「勝手に決めるな。**俺の人生は、俺だけのもんや。俺の、これからの人生が甘いか甘くないかなんて、だれにもわかるわけないやろう**」

「やったら、勝手にせえ」

「勝手にするわい」

そう言い放ち、それ以降、文昭少年は両親とほとんど会話を交わさなくなった。あのしゃべりが止まらない、母親とも話さなくなった。

——母からすれば、どう話しかければ良いのか、わからなかったのだろう。

心配だけれど、止めることはできない。息子のやることに対して、もちろん応援はしてあげたい。でも心配が尽きない。そんな複雑な気持ちをずっと抱えていた。

やがて訪れる、東京へ経つ日。

文昭少年はすっかり片づいた自分の部屋を眺めていた。

「上京して、デッカく生きてやろう」

息巻いていたけれど、寂しくない、と言ったらさすがに嘘になる。

東京行きの片道切符はあっても、仕事はおろか、住むところだって決まっていない。しばらく兄のアパートで厄介になろう、ぐらいの見通しだけで、家出同然だった。

少ない荷物を抱えて、玄関へ向かう。見送りはない。見送られるつもりもない。

この家には、とうぶん戻って来ないだろう。そう思うと、柱の傷や古びた扇風機、祖父の仏壇など、ここでの思い出がよみがえってきて、急に愛しさが溢れてきた。

文昭少年はその想いを振り払うように、首を振った。


文昭少年の東京生活がはじまる。

人生の歯車がまたひとつ、きしむ音を立てながら、前へと進んでいく。

第2章

上京
師匠との出会い
行商生活

◆人生は、出会いがすべて。

上京して、早々。

けんか同然に別れた父から、荷物が届いた。

「……今さら、なんや」

やや大きめの段ボール箱。中を開けると、バラバラに分解された自転車が入っていた。

「東京まで行って、自転車泥棒なんてしたら、洒落にならんやろう」

そう言う父の表情が浮かぶ。事実、文昭少年は高校時代、何度か自転車を盗んだことが見つかっていた。

……頼んでもないのに、勝手に送ってきて。

ぶつぶつ言いながら、サドルを撫でる。

「……父ちゃん、ありがとう。俺、がんばるから」

人間だれだって、家族とともに人生のはじまりを迎える。自分の人生でいちばん古い付き合い、それが家族というもの。

離れていたって関係ない。家族とは、「絆」のことなのだ。


ただ、ブレーキを締める工具が見当たらない。どうやら入れ忘れたらしい。

「こりゃ、気をつけなあかんな」

そう思っていたのに。気をつけていたはずなのに。

——事件は、すぐに起こった。

はじめは緩やかな下り坂だった。父から送られてきた自転車にまたがって、ゆっくりと下っていく。少しずつスピードが増していく。

「……あら？」

文昭青年は首を傾げた。ブレーキを握っても、止まらない。何度握ってみても、握ったという感触がない。スピードだけがどんどん上がっていく。

「……あら、あらら」

気をつけていたはずなのに、すっかり忘れていた。

この自転車は、ブレーキが効かない、ということを。

下り坂はいよいよ急になり、両足で止めようにも止まらない。父親が息子のことを思って、涙ながらに送ってくれた自転車。

その自転車がもたらしたのは、べつの意味での涙と、暴走だった。

「止めてえぇ。あかん、こりゃ死ぬう」

正面に見えてきたのは、——当時の防衛庁。言わずと知れた、国の安全を守る重要機関であり、自衛隊を管理、および運営している。

そこへ突っ込んでいく暴走自転車。

しかも乗っている青年は、泣きながら何かを叫んでいる。

防衛庁の警備員たちに緊張が走った。慌てて暴走自転車に向かう。何ごとか、止まりなさい、止まらんか、おい。口々に怒鳴っても、自転車は止まらない。

文昭青年は涙と一緒に、風になっていた。

「助けてえぇ。堪忍してえぇ」

そして、——ガシャン！

強い衝撃とともに、防衛庁に突入。行け、捕らえろ、確保だ、武器は持っていないか、こら、暴れるな。またたく間に文昭青年は警備員たちに取り押さえられた。

ええ度胸しとるやないか、おい、ここがどこだかわかっとるんやろうな、防衛庁に突っ込んでおいて、すんなり帰れると思うなよ、いろいろ聞かせてもらおうやないか。

泣きたいぐらいの尋問を受けて、やがて解放されたときには、あたりはすっかり暗くなっていた。街灯に照らされながら、衝撃で壊れてしまった自転車を押していく。

「……東京って、やっぱり怖いところやな」

呟いて、東京の街をとぼとぼと歩く。

ふと、文昭青年に声をかける者があった。「きみ、きみ」と呼びかけてくる。よほど気落ちしているように見えたのだろうか。

手をさしのべてくれる、温かい人もいるもんやな。

「俺なら、大丈夫です。ありがとうございま……」

そう言って振り返ると、――そこには、警察官が立っていた。怪訝そうな表情を浮かべて、あきらかに文昭青年の自転車を疑っている。

「大丈夫です、ってどういうことかな」

「……あ、いえ」

「そんなことより、その自転車についてちょっと教えてくれるかな」

「……えっ？　いやいや、勘弁してくださいよ」

「怪しいもんね、きみ」

涙ながらに父親が送ってくれた自転車は、本当にいろんな「涙」をもたらしてくれる。

連れて行かれた交番で、必死になって事情を説明すると、警察官はげらげらと笑ってくれた。東京に来てはじめて向けられた人の笑顔に、文昭青年は心底、ほっとした。

文昭青年のなんとなく人好きのする、ちょっと間の抜けた面白さに惹かれたのだろう。それ以降も、たびたび文昭青年を誘ってくれた。

東京でのはじめての友だちは、なんと警察官だった。

――思えば、この出会いが「縁」のはじまりだったのかもしれない。

出会いに、無駄なんてことはひとつだってない。

人生の中で出会える人の数って、本当にごくわずか。何十億といる人たちの中で、本当にごくわずかの人としか出会うことができない。

だからこそ、出会えた人をどれだけ大切にできるか。関わっていくことができるか。人生の分岐点は、いつもそこにある。人生は出会いがすべてなのだ。

突然の出会いに、自分が準備できているか、どうか。ありがとう、と感謝するうつわが、心の中に用意できているか、どうか。

文昭青年は「出会い」の重要性を、直感的にわかっていた。


そうして上京生活をはじめたものの、待ち受けていたのは、劇的なドラマではない。漫然とした日常だった。土木作業とドーナツ屋のバイトに明け暮れる日々。

東京は人の流れがはやく、だれもが足早にすれ違っていく。いつしか、文昭青年もそんなせかせかした歩調になっていた。

食いつなぐために、働く。疲れたから、寝る。やがて上京するときに抱いていた「デッカく生きてやる」という気持ちは、日々に追われる中でいつのまにか消え失せていた。

「……どうせ、俺なんて」

そう思うようになっていた。

高校生のとき、勉強ができないうえに、悪さばっかりしていたため、先生から「おまえはだめなやつだ」と言われつづけてきた。

そのときに植えつけられた、「……どうせ、俺なんて」という言葉。

どうせ俺なんて、と思わなくていい。自信を持ったらいい。根拠だって考えなくていい。「自分」という人間はこの世にひとりしかいなくて、それだけで充分、自信を持つ根拠に

なるのだから。


けれど、当時の文昭青年はいつも「……どうせ、俺なんて」と思っていた。

上京してからの悶々とする日々に、「おう、中村。いつもの焼き鳥でも食いに行くか」と誘い出してくれたのが、仲良くなったあの警察官だった。

おかげで、文昭青年はすっかり焼き鳥屋の常連客となっていた。

そこには忘れかけていた、人の温もりがあった。

笑い声があって、熱く語り合っている声があって、泣いている声があって、とにかく感情があった。生きている人たちの姿があった。

その場に身を置くだけでも、今の文昭青年にとって、とてもありがたい時間だった。でも、どうしてこんな俺を誘ってくれるんやろう。

そう尋ねると、赤ら顔の警察官はおかしそうに笑った。

「応援したい人と一緒にいたいからね。**だって、応援している人が活躍してくれたら、それが自分にとって、いちばんのチカラになるだろう。応援って、自分に返ってくるんだ**」

◆何のために。

——そんなある日のこと。

文昭青年はたまたまひとりで、いつもの焼き鳥屋を訪れていた。

ひとりでカウンター席に座ると、大将を相手につい愚痴がこぼれてしまう。

「……このままでええんかな、俺。息巻いて三重から出てきたのに、バイトに明け暮れてるばかりで。同じところをずっと、ぐるぐるまわってるだけのような気がするんです」

「どうした、今日はいつもと調子が違うな」

大将は笑って、トン、と絶品のつくねを出してくれた。

「いや、最近ずっと考えてるんですよ。このままでほんまにええんかな、って。みんな楽しそうやのに、俺だけ毎日にぜんぜん満足できてなくて。なんかずっともやもやしてて」

ため息まじりに言ったものの、大将は注文をとりに行ってしまい、答えはなく宙ぶらりんのまま。文昭青年はひとり、つくねをほおばった。

——面白いか？

「……えっ？」

いつのまにか、同じカウンター席にびっくりするぐらいの大男が座っていた。熊を思わせるほどの体格で、もうもうと威圧感を放っている。

しかも、じろりと文昭青年のことを見ていた。眼で刺す、とはまさにこのこと。鋭い眼光を向け、そしてもう一度、尋ねた。

「おまえのその人生、面白いか？」

唐突だった。

唐突な問いかけに対して、するりと本音が漏れる。

「……面白くはない、かな」

けれど、なんでそんなこと訊かれなあかんねん、という思いのほうが勝っていた。

「聞けば、三重から出てきたそうじゃないか」

「……はい」

「何のために、出てきたんだ？」

「えっ？」

「何のために、おまえはわざわざ三重から出てきたんだ?」

――何のために。


なにか答えなければカッコ悪い、と思った。

「そりゃ、でっかいことをするためです」

「でっかいことって、たとえばなんだ?」

「……えっと。お金を稼いだり」

「おまえは金を稼ぐために、わざわざ三重から出てきたのか。じゃあ、お金を稼いでどうするんだ。何のために金を稼ぐんだ?」

相手は決して、鋭い眼光をゆるめなかった。

文昭青年も、負けてたまるか、という気持ちだった。

「……何のためって、そりゃもちろん、ほしいものを手に入れるためです」

「ほしいもの?」

「良いクルマとか、家とか。別荘とかクルーザーとかもかっこいいっすよね。そう、海外旅行にだって行けるやないですか」

「なるほど。じゃあ、おまえの人生でいちばん大切なものは、お金ってことだな」

「……えっ？」

「なんだ、違うのか？」

「えっと、いや」

言葉に詰まった。人生でもっとも大切なものは、お金ではない。それは確かだ。でも、俺って、なにをいちばん大切にして生きてるんやろう。

「おまえが生きている目的は、なんだ？」

「……俺が生きている目的」

これです、と答えられない。そもそも考えたことがなかった。

「その問いから逃げるな。何のために、と自らに問いかけながら取り組むのと、漫然とこなしているだけとでは、得られるものも結果も、まったく違ってくる」

◆人生最期のときに、その人の生きざまがあらわれる。

ガツン、と殴られた気分だった。

生まれてはじめて、捉えどころのなかった「自分の人生、どう生きるのか」という問いと向き合った実感があった。なにか言わなくちゃ、と思い、やっとのことで絞り出す。

「……あなたは、いったい」

「俺か？　俺はな」

――そして、相手はぽつりぽつりと語りはじめた。


俺はな、いちばん大切なものが何かわかっていなかったんだ。

大学在学中に、事業を立ち上げて、なんの苦労もなく、とんとん拍子にうまくいった。面白いようにお金が入ってきて、儲かって仕方がなかった。

お金って簡単に稼げるんだな。本気でそう思った。ばらまくように遊んだな。まわりからも、ちやほやされてな。たくさんの人間が俺のもとへすり寄ってきた。

俺はそいつらを、ほとんど損得だけで判断していた。

――傲慢な天狗になっていたんだ。

でもな、そんな日は長くつづかなかった。やがて売上が落ちはじめると、とたんに資金繰りが厳しくなって、転がり落ちるように会社は倒産した。
二十二、三歳のときだったか。
以来、状況は一変した。あれだけいたはずの人たちが、すっと俺のまえから姿を消していった。そのときになって、ようやく気づいたんだ。

みんなは俺のもとへ集まっていたんじゃない。俺の持っているお金のもとに集まっていたんだ、ってな。心でつながっていない。お金でしかつながっていなかったんだ。

心でつながっていたはずの、むかしからの友だちも全員、傲慢な天狗だった俺に嫌気がさして、俺のまえからいなくなってしまっていた。

あとに残ったのは、莫大な借金だけだった。

俺はいったい、何をしていたのだろう。本気で自分自身を殴り飛ばしたかった。

そんなときに親父も亡くなってな。葬儀のために郷里へ帰って、親父の葬儀に出て俺ははじめて気がついたんだ。ああ、俺は何がいちばん大切なのか、何もわかっていなかった、って。

教師だった親父を慕って、教え子たちがわざわざ葬儀へ来てくれたんだよ。何百人ぐらい来ていたんだろうな。どれぐらい来てくれたのかなんてわからない。俺も泣いていたからな。

先生っ、先生っ、てな。出棺のときも、声をあげて泣いてくれるんだよ。

親父は、ずっと教師になりたかった。

でも、金がなかった。工場で働いていたが、どうしても教師になりたくて、親父は稼動している機械の中に、――自分の指を押し込んだ。

飛んだか潰れたかはわからん。けれど三本、左手の指を失った。労災を受けるためにな。

それほどの覚悟だった。それほどの志だった。

何のために、教師になるのか。

生徒たちに何を伝え、教師としてどう生きていくのか。

親父はその「人生を賭けた問い」に答えつづけてきた。そして人生最期のとき、親父を慕って、何百人という教え子たちが駆けつけて「先生、ありがとう」と涙を流してくれた。

人生最期のときに、その人の生きざまがあらわれる。
見送ってくれた者たちの表情が、その人の生きざまを教えてくれる。

お金を稼ぐことがいったい何になるって言うんだ。そんなものは自己満足に過ぎない。

人生の目的は、お金ではない。

では、人生の目的とはいったい何なのか。何のために、生きていくのか。

葬儀のとき、息子である俺にまで、涙ながらに感謝を伝えてくれた教え子たち。途絶えない焼香の列。その光景を目の当たりにして、俺はやっと気がついたんだ。

人の役に立つこと、人に喜んでもらうこと。これこそ、人生の目的。いちばん大切なものなんだ、ってな。

——おまえは、どうなんだ。

急に尋ねられて、文昭青年は固まってしまった。同時に、武者震いのような気持ちが、腹の底のほうからふつふつと湧き上がってくる。

そのときにはもう、この人こそが人生の師匠だ、と決まっていた。

師匠を持てば、心にスイッチが入り、人生がまわりはじめる。

師匠は言う。

「でっかいことがやりたい、という気持ちを抱えて東京へ出てきた。つまり、おまえの人生はこれからだろ。まだはじまったばかりだろ。おまえはこれから、どう生きていくんだ」

「俺は……」

——何のために、生きているのか。どう生きていくのか。

ふいに子どもの頃の記憶がよみがえってくる。母親が笑っている。高校生になってから泣かせてばかりだった母親が笑っている。腹を抱えて、おかしそうに。

どうすれば、もっと喜んでくれるんやろう。

もっと笑わせたい。もっと喜ばせたい。もっともっと喜ばせたい。喜んでくれたら、自分もうれしくなる。相手を喜ばせることが、自分の喜びになる。

人の役に立つこと、人に喜んでもらうこと。これこそが、人生の目的である。師匠の言葉が、すっと心の奥に落ちていく。文昭青年は母親を通じて、すでに知っていたのだ。

子どもの頃に、答えがある。

「……忘れていたことを、思い出したような気がします」

聞けば、師匠は今、軽トラで野菜の行商をしていると言う。大きな借金を背負ってもなお、ここから復活を遂げようとしている。

もちろん目的は、相手を喜ばせるため。

なんて面白いんだ、と思った。

順調な人生から面白いことをしても、振り幅は小さい。

けれど反対に、落ちまくって落ちまくって、もうどうしようもないところまで落ちた状態からの復活は、「人生の振り幅」がすごい。ドラマがある。

……この人についていったら、めっちゃおもろいことになるかもしれん。**人生はたった一度しかない。それなら、思いっきり面白い人生を歩んでみたい。**

身体をぐっと師匠に向けて、文昭青年はまっすぐに言った。

「俺も、仲間に入れてください」

「わかった。ついてこい」

「はい！」

出会いが、人生を変えていく。

文昭青年の人生が、今動きはじめた。

◆返事は、0・2秒。未来は頭の中にあるんじゃない、行動した先にある。

そして文昭青年の生活は、一変する。

待ち受けていたのは、想像を絶する過酷さ、だった。

築二十七年の木造車庫の二階に、師匠を含めた暑苦しい男ばかりが、五名。あまりに濃密な集団生活だった。

早朝二時半に叩き起こされて、軽トラックで仕入れに向かう。眠い頭のまま、たくさんの野菜を積んで、住宅街へ。あとはひたすらお客さまに野菜を販売していく。

師匠に怒鳴られながら、実働――約十六時間。休みは、ない。

はじめは気になっていた車庫の傾き、戸や窓の立てつけも、すぐに日々の忙しさに追い立てられ、なにも感じなくなっていった。

帰ったときには皆、精も根も尽き果てていた。

しかしそれだけでは終わらない。師匠による「何のために、どう生きていくのか」についての勉強会が夜中にまで及び、そしてまた早朝二時半に叩き起こされる。

毎日が、限界との闘いだった。

そんな日々が待ち受けているとは、まだ知らない――行商生活、初日のこと。

期待と不安を、胸いっぱいに抱えながら、わけもわからないまま軽トラックに乗せられ、仕入れへ向かった。さらにその足でめまぐるしく閑静な住宅街へ。

軽トラックから降りて、文昭青年は武者震いをした。

「……ここで野菜を売るんか」

いよいよはじまる。ここから俺の人生が動きはじめるんやな。――けれど、息巻く文昭青年を制して、師匠は首を振った。

「ああ、おまえはまだ売らなくていい」

「えっ？」

驚く文昭青年を無視して、師匠は「おい、いつものやつを鳴らせ」と運転席に座っていた行商軍団のひとりに指示を出した。とたんに流れはじめる、エルビス・プレスリー。

「……エルビス？」

どんどん音量が上がっていく。

きょとんとする文昭青年に向かって、師匠は言った。

「おい。運転席の上で踊れ」

「……えっ?」

「聞こえなかったか。運転席の上で踊れ、と言ったんだ」

「いや、え、でも」

冗談で言っている様子はない。でも、運転席の上で踊るってなんだ、聞いたことがない。そもそもこんな住宅街のど真ん中で踊るなんて。

混乱する文昭青年をよそに、プレスリーはますますご機嫌になっていく。

「踊るなんて、そんな……」

でも、いや、でも、とちゅうちょしていると、師匠は業を煮やして距離を詰め、ぐいと文昭青年の胸ぐらを掴んだ。容赦なく、絞めあげてくる。

「でも、だって、どうせ。どれも自分の可能性を潰す言葉だ、二度と使うな。あとにつづく言葉は言いわけしかない。相手にも、自分にも、言いわけをするな」

「でも」、を封じられた文昭青年は、もごもごするしかなかった。

「できない理由ばかりを並べて何になる? まずは行動ありき。何でもやってみなくちゃわからないだろう。**未来は頭の中にあるんじゃない、行動した先にあるんだ**」

そして、師匠は二本の指を立てた。

「いいか。**返事は、0・2秒。**頼まれたことに、損得勘定を挟むな。反射的に答えろ。おまえに与えられた選択肢はふたつ。はい、もしくは、イエス、だ」

——返事は、0・2秒。

そんなむちゃくちゃな。

「頭で返事をするな。身体で返事をしろ。その早さが、信用に変わるんだ。わかったか。わかったなら、踊れ」

「は、はいっ！」

文昭青年は、0・2秒で返事をして、荷台へ上がり、なかばがむしゃらに腰をふりふり、エルビス・プレスリー『監獄ロック』を踊り狂った。

◆頼まれごとは、試されごと。素直さだけが、成長の壁を突破していく。

とにかく過酷な生活だった。無駄遣いは許されない。売れ残った野菜をみんなで分け合って食べ、水道水を飲み、腹を膨らませた。

——何のために。

それを考えつづけなければ、心が折れてしまう。人の役に立ちたい、喜んでほしい。その思いが、過酷な日々をなんとかつなぎとめていた。

気持ちが折れてしまうのは、目標が高いからではない。むしろ、目標や「思い」がないから、簡単に折れてしまうのだという。

――これからをどう生きていくのか。

自分自身への問いかけが、人生の深さを決める。自分にどんな質問をぶつけるのか。へとへとの頭で必死に考え、文昭青年は懸命に、師匠へ食らいついていた。


師匠は一貫していた。

「どうすれば相手が喜んでくれるか。つねに考えろ」

こんなことがあった。師匠の知人が訪れた際、「ジュースを買ってこい」と文昭青年は師匠から、おつかいを言い渡された。

ラッキー。

トイレぐらいしか自由がなかった文昭青年にとって、久しぶりに与えられた、ひとりきりの自由な時間だった。ぐうっと背のびをして、穏やかな陽射しに眼を細める。ひとりをたっぷりと満喫しながら、自動販売機へ向かう。

「……えっ？」

帰ってくるなり、文昭青年は言葉を失った。師匠が腕を組み、仁王立ちしていた。まさに鬼の形相、恐ろしい剣幕でこちらを睨みつけている。

つぎの瞬間。

太い腕で突然、胸ぐらを掴まれ、壁に叩きつけられた。呆然とする文昭青年に、師匠は怒鳴った。

「どうして走らなかった？　相手が喜ぶことを考えろ、と言っているだろう。相手の予測を上まわるんだ。相手の予測を上まわってこそ、相手は喜んでくれるんだ」

「……」

「いいか。これから**頼まれごとは、試されごと**と思え」

――頼まれごとは、試されごと。

「並みの人間と同じことをしていたら、並みの人間にしかなれないんだ」

少しずつ、師匠の教えが文昭青年の血となり、肉となっていく。

何より、文昭青年は「素直」だった。**素直さだけが、成長の壁を突破していく**。文昭青年は素直に、師匠の教えを吸収していった。

どうして、文昭青年はずっと素直だったのだろう。

おそらくその素直さの正体は、「感動」にあったのではないだろうか。師匠と出会ったときの、魂が震えるような感動。そのときの感動が、ずっと色あせなかった。

感動という体験が、人を素直にさせていく。

◆ご縁から巻き起こる「奇跡」は、必ず連鎖していく。

夜の勉強会は、人生観から社会のこと、経済に至るまで、多岐にわたる内容だったが、中でも文昭青年の心を捉えたのが、歴史だった。

学校での勉強とは、まるで違う。師匠から語られる歴史上の人物には、心があった。自分たちと同じように迷い、勇気を奮って決断して、時代を切り拓いていた。

師匠は言う。

「いいか。歴史上の人物には、おまえたちにそっくりだったり、心を持っていかれるような人が必ずひとりはいるもんだ」

そんな歴史上の人物に出会えたら、歴史はぐんと面白くなる。**歴史を学ぶとは、暗記をすることではない。先人の生きざまを学ぶことだった。**

文昭青年の場合、それは坂本龍馬だった。

「世の人は我を何とも言わば言え。我が成すことは我のみぞ知る」

「人間、好きな道によって、世界を切り拓いていく」

「いったん志を抱けば、この志に向かって、いやしくも弱気を発してはいけない。たとえその目的が成就できなくても、その目的への道中で死ぬべきだ」

幕末という激動の時代を生きながら、ひとり志を持ち、「世界の中の日本」という大局、日本の未来を見つめていた坂本龍馬。

その生きざまに、文昭青年の心は震えた。

以降、文昭青年は坂本龍馬の命日である十一月十五日、三十三歳で生涯を終えた龍馬を偲んで、ひとり旅をつづけている。

また、後に立ち上げる会社「クロフネカンパニー」という名も、坂本龍馬が由来となっている。

豊臣秀吉も、文昭青年の心を揺さぶった。

農民から天下人になっていく、奇跡のような人生。けれど、なぜ奇跡が起きたのか、ちゃんと理由があるんだ、と師匠から教えてもらった、という。

豊臣秀吉は、人の役に立つこと、人に喜ばれることをくり返していくうちに、ご縁がつながって奇跡が起こったのだ、と。しかも単発で終わらない。

ご縁から巻き起こる「奇跡」は、必ず連鎖していく。

そういうヒントが、歴史にはたくさん散りばめられていた。

◆だれかのために、という動機がもっとも強い。

当時、世間はバブルに浮かれていた。

社会に出た高校の友人たちは、時代の波にのってどんどんお金を稼ぎ、高級なクルマを買い、夜な夜な遊びまわっていたらしい。友人からの手紙に、そう綴られていた。

対して、とても安い給料で働いていた文昭青年。

けれど、決して焦ることはなかった。

「他人と比較して、何になる。おまえは、おまえだろう。他人を見るのではなく、自分の目指すべきところを見つめていれば、おまえは他人と比べものにならないところまで行ける」

師匠から、そう教わっていたから。

きりきりと音が聞こえるほど「何のために。どう生きるのか」を考え抜き、連日、身体を限界まで酷使しながら、師匠からの学びを吸収していく日々。

その中で、文昭青年は自分の目指すべきところを見つめるのに必死だった。


――ただ、中村文昭も人間だった。

「……このままでは身体と心が壊れてしまう」

本気でそう思い、何度も脱走を試みた、という。

けれど不思議なもので、なんだかんだと言って、また師匠のもとへ戻ってしまう。結局、行商軍団は皆、師匠に心の底から惚れ込んでいた。

師匠はむちゃくちゃ厳しかったが、だれひとり、決して置き去りにはしなかった。

少年院あがり、元暴走族、引きこもりなど、一筋縄ではいかない者たちばかりでも、ひとりひとりの「これから」に目を向けて、真剣に向き合いつづけた。


文昭青年は一度、尋ねたことがある。

「師匠は、どうしてそこまでして、俺たちのことを……」

珍しく、師匠は笑った。

「……俺には、夢があるんだ」

「夢って、行商をもっと拡大して、お店を持って……」

「それは手段に過ぎない。はじめて言うかもしれんな。俺の夢はな、おまえたち全員が立派な事業家になって、人に喜んでもらって、成功してくれることなんだ」

だれかのために、という動機がもっとも強い。

師匠は、文昭青年の肩を叩いた。

「中村。もちろん、おまえもそのうちのひとりだ」

肩を叩かれた文昭青年は、頭を下げた。

——師匠が「何のために」こんなにも厳しく指導しているのか、少しだけわかった気がした、という。


そして文昭青年は思う。

「……俺が、事業家か」

これまで師匠のもとでがむしゃらに働いてきたが、そのときはじめて、「何のために、俺は師匠のもとで学んでいるのだろう」という考えに至った。

大きな目的は変わらない。人の役に立つこと。人に喜んでもらうこと。

でも、そこには自分なりの「方法」があるはずだ。**だれにだって、自分だからこそできる、自分にしかできない、人に喜んでもらう方法があるのだ。**

「……俺は、どんな方法で人に喜んでもらおうか」

事業家になって、人の役に立つ。人に喜んでもらう。それだって立派な方法だった。師匠のもとで忙しく過ごす中で、文昭青年はそんなことを考えるようになっていた。

志の試練

第3章

バーテンダー
伊勢への凱旋
起業・挫折

◆やってもいないうちから無理とわかるものなど、この世にひとつだって存在しない。

今、この瞬間、目のまえにいる人を全力で喜ばせること。

そう徹底しているうちに、お客さんとの絆が生まれ、師匠の経営手腕も相まって、どんどん売上が増加。

野菜の行商に留まらず、加工品の販売もはじめ、ますます事業は広がっていった。

——そして。

「……六本木にバーを出すことが決まった」

師匠が告げて、行商軍団はどよめいた。やった。ついに。いきなり六本木なんて。がんばってきて、良かった。もちろんまだ、過程ではあったが、間違いなく前進だった。

そんな中、文昭青年は少しだけ寂しい気持ちを抱えていた。

無理もない。やっと行商に慣れてきて、お客さんとの絆も生まれ、日々を充実感たっぷりに過ごしていたところだった。

しかし、文昭青年は何十年か後に、縁が縁を呼び、思いも寄らないかたちで、再び野菜と関わっていくことになる。

ぼんやりとしていた文昭青年に、師匠は言った。

「おい、中村。おまえはカウンターに入れ。バーテンダーをしてもらう」

「……へっ？」

「バーテンダーだ」

文昭青年は、驚いた。

「ええ、そんな。ちょっと待ってください。無理ですよ」

師匠の厳命とは言え、山奥で育ち、東京に出てからも野菜の行商しかしていない。そもそもカクテルなんて飲んだことがない。それがいきなり、バーテンダーなんて。

当然、師匠は許さなかった。

「簡単に、無理と言うな。**やってもいないうちから無理とわかるものなど、この世にひとつだって存在しない**。どんな職人も最初は皆、素人なんだ。やるか、やらないか。それだけだ」

師匠の言葉に、ハッとした。

「……俺、やってみます」

「修行先はもう手配してある。バーが開店するまでの四ヶ月のあいだに、バーテンダーについて、しっかりと学んでこい」

「はい、わかりました」

◆与えられた環境で、まずは〈やる〉と決めること

修行先は、一流ホテルの厨房だった。

びっくりするぐらい広い厨房に、十五名の料理人がところ狭しと、忙しく立ちまわっている。まさに、戦場。その中で、文昭青年は新人アルバイト、という扱いだった。

もちろん、バーテンダーになる修行のためなんて、だれひとり知らない。

そもそも料理人が多すぎて、料理長はおろか、まわりの料理人たちにさえ、顔を覚えてもらえないまま、皿洗いに明け暮れる日々だった。

聞けば、三年を過ぎても、皿洗いしかさせてもらえない人もいるらしい。

「……このままじゃ、バーの開店に間に合わない」

焦りだけが募っていく。

けれど、まわってくる仕事は皿洗いばかり。まだ洗っていないのか。はやく洗え。これ

も洗っておけ。皿洗いもできないのか。怒鳴られる毎日だった。

やがて、文昭青年は腐りはじめた。

「……こんなことをつづけても、時間の無駄やわ」

文昭青年は師匠のもとを訪れ、現状を正直に伝えた。

「このままやとオープンに間に合わんので、ちゃんとバーテンダーが学べる、べつの店で働かせてもらえませんでしょうか」

果たして、師匠の答えは「ノー」だった。

「……おまえは、やれることをやったのか」

「えっ？」

「相手の予想を上まわったか。仕事を通じて、だれかに喜んでもらったか」

「……あ、いえ」

「阪急の創業者、小林一三も言っている。**下足番を命じられたら、日本一の下足番になってみろ。そうすれば、だれもきみを下足番にしておかぬ、とな**」

返す言葉がなかった。

「皿洗いだって、同じことだ。まだできることがあるだろう。外に原因を求めるな。**与えられた環境で、まずは〈やる〉と決めることだ**。やってみろ、そうすれば必ず道は拓ける」

「はい！」

バチン、とスイッチが入った。

皿洗いならば、一流の皿洗いになろう。

買い出しがあるならば、一流の買い出しを見せてやろう。

その日から、文昭青年は劇的に変わった。

「やってやろうじゃないか」

積まれた大量のお皿をまえに、集中力を高めていく。

そして――。

文昭青年は、本気で皿を洗いはじめた。自分の限界を超えていくように、次から次へと洗っていく。一秒でも早く、一枚でも多く。その姿には、鬼気迫るものがあった。

だれよりも覇気をみなぎらせ、大勢の中で、ひとり目立つようになっていた。


仕事に追われるのではなく、自ら仕事を追いかけていた。

◆人は能力、スキルで選ばれるのではなく、その人の、ひたむきさで選ばれる。

あるとき、葉ものの野菜が足りなくなる、ということがあった。

「おい、だれか。葉ものの野菜を買ってこい」

料理長の呼びかけに、――返事は、0・2秒、皿洗いを終えた文昭青年が、まっさきに手を挙げた。

「俺、買ってきます」

――頼まれごとは、試されごと。

ジュースを買いに行ったときのことを思い出す。

文昭青年は厨房を飛び出して、わき目もふらずに街中を駆けた。汗をかき、はあはあと息を切らしながら、あっという間に野菜を抱えて戻ってくる。

料理長の予想をはるかに上まわるスピードだった。

以来、料理長に名前さえ憶えてもらえないスタッフが大勢いる中、文昭青年は「サル」というあだ名を直々に拝命して、可愛がってもらうようになった。

さながら、雪の降る中で草履を抱いて温めていたことで、織田信長に気に入られ、天下人にまでのし上がった「サル」こと、豊臣秀吉のようだった。

後に、師匠は言った。

「人は能力、スキルで選ばれるのではない。その人の、ひたむきさで選ばれるんだ」

そして、文昭青年は、「今晩、飲みに行かないか」と料理長から誘われるまでになっていった。そんなスタッフは、厨房にいない。文昭青年だけだった。

あるとき、料理長は尋ねた。

「どうして、あのホテルでアルバイトをしようと思ったんだ？」

「じつは……」

文昭青年は正直に話した。

なぜ、一流ホテルの厨房でアルバイトをしているのか。

バーテンダーを任されたバーのオープンが、刻一刻と迫っていること。そのためには、一流ホテルの厨房で、バーテンダーの知識、技術を学ぶ必要があること。

料理長は、文昭青年の話を黙って聞いていた。

——翌日。朝礼の際、料理長はスタッフ全員に告げた。

「……サルに、カクテルのこと、バーテンダーのいろはを教えていく」

「ええっ？」

厨房内がざわめいた。新人アルバイトにカクテルを教えるなんて、異例中の異例。何よりいちばん驚いていたのは、文昭青年だった。

けれど、料理長は淡々と言った。

「**どんな道でも大成する条件は、たったひとつ。覚悟を決めているかどうか、だ。**その点、サルは覚悟が決まっていた」

一流ホテルであるが故に当然、簡単に学べるものではなかった。

これまで以上に怒鳴られながら、それでも必死に食らいつき、カクテルのこと、バーテンダーのことを前のめりになって学びつづけた。

学びに充ちた四ヶ月はあまりにも短く、——やがて迎えたオープン初日。

文昭青年は慣れない黒のベストに身を包み、不安と緊張でがちがちになっていた。ほとんど放心状態。カウンターに立っているのが、やっとだった。

カンペキに、六本木という場所に呑まれていた。

そして、はじめてのお客さん。

「……えっ？」

文昭青年は絶句してしまう。なんと、料理長だった。しかもお客さんとは思えないほどの紙袋を両手いっぱいに抱えている。

「……料理長、それは？」

「ああ、これか。これはまあ、開店祝いみたいなもんだ」

紙袋の中には、容器に入ったおいしそうな料理がぎっしりと詰まっていた。オープン初日は、忙しさで料理に手がまわらないだろう、と料理長みずからつくってきたものだった。

「……ありがとうございます」

頭を下げると、堪えていた涙がぽつりぽつりと床に落ちる。そんな文昭青年の頭を、料理長はちょっと強く、くしゃくしゃと撫でた。

「頭を上げろ。礼なんているかよ。俺はおまえのファンなんだ。サル、おまえはいつだってがむしゃらで〈今〉に全力だった。**そして未来をつくることができるのは、〈今〉だけなんだ**」

「料理長……」

不安はもうなかった。

来てくれたのは、料理長だけではない。

翌日以降も、警察官、焼き鳥屋の大将をはじめ、これまで出会ったいろんな人たちが、「よ、開店おめでとう」「バーテンダーをやってるんだって？」と様子を見に来てくれた。

師匠に言われたことがある。

「人間力を磨いているか、磨いていないか。それが事業を大きく左右する」

「……人間力、ですか？」

全員が、首を傾げる。聞き慣れない言葉だった。

「人間力とは、無条件に、〈あなたに惚れた〉〈あなたについていきたい〉と言ってもらうこと。つまり、ファンがいる、ということだ」

もちろん、と師匠はつづけて言う。

「だからと言って、相手に媚びるのではない。媚びるのは、信念がないから。しっかりと信念を持ち、相手の役に立って、相手を喜ばせること。これに尽きる」

「……はい」

うなずいたものの、正直なところ、よくわかっていなかった。

ただ、バーテンダーをはじめて、文昭青年は少しずつ「俺って、人と接すること、もっと言えば、人間が好きなんだな」と知るようになった。

そして接客をするうえで、決めていたことがある。

相手にレッテルを貼ったり、先入観を持つことはやめよう。そう思ってしまうよりもはやく、相手のふところに飛び込もう。その人になつこう。

◆人はだれだって、「重要な存在でありたい」と思っている。

カウンターに立つ文昭青年は、お客さんにお願いされて、ふるさとである宮川村の話をすることが多かった。

――たとえば。

宮川村には学校とはべつに、地域の運動会というものがあった。村民全員が参加する運動会で、それゆえに子どもからご年配まで、参加者の年齢層も幅広い。

そんな中、もっとも盛り上がるのが、地区別リレーだった。

小さい子どもからはじまり、バトンをつないでいき、最後にはお爺ちゃん、お婆ちゃんへとバトンが渡っていく。もちろん速くは走れなくて、よぼよぼ、よぼよぼ、と進んでいく。そのデッドヒートがたまらない。

よぼよぼ、よぼよぼ、と進みながら、抜きつ抜かれつ、逆転につぐ逆転。観客席はもう、サッカー日本代表の試合よろしく、興奮のるつぼと化していた。

田舎では、よくある話。珍しくも、なんともない。

けれど、東京の、しかも六本木界隈は、「しなければならない」の中で忙しく生きている人たちがあまりに多くて、文昭青年の素朴な話は、そういう人たちの心に響いた。

そんな心がふわりと安らぐような、くすりと笑えるような話をしていくうちに、文昭青年はますます、お客さんの役に立ちたい、喜んでもらいたい、と思うようになっていく。

「どうすれば、もっと喜んでもらえるんやろう」

……そう言えば、子どもの頃、母ちゃんを喜ばせたい、笑わせたい一心で、帰り道にいろいろ考えをめぐらせていたっけ。

中村文昭の「志」が高まっていく。――自分はどう生きていくのか。

「もっと人に喜んでもらいたい」

はっきりと自覚した。

子どもの頃の記憶と重なり、思い出したように、心の深いところにスッと落ちていく。

考えが「自分軸」から「相手軸」へと変わっていく。

そしてこれまで以上に思う。

「バーテンダーとして、どうすればもっと喜んでもらえるのだろう」

その中で思いついたのが、メモだった。

一度、来られたお客さんを忘れないように、簡単な似顔絵を描いて、どんなことを話したのか、ちょっとだけ書いておく。そのメモ帳を、冷蔵庫の近くに忍ばせた。

もうひとつ、心がけていたことがある。お客さんが来られた際、「いらっしゃいませ」ではなく、文昭青年は必ず「あっ、いらっしゃいませ」と言うようにしていた。

いらっしゃいませ、のまえに入る短い、この「あっ」はすなわち、「あっ、このあいだ来てくださった、あのときの」という意味の「あっ」である。

お客さんが席に座られたら、おしぼりを取りに、冷蔵庫のほうへ行く。

そこには、忍ばせておいたメモがある。

冷蔵庫を開けて、短い時間ながら、ランプの青っぽい光を頼りにメモを繰《たぐ》っていく。似顔絵を確認して、前回、どんなことを話したのか、をさっと読む。

おしぼりを取り、お客さんのもとへ戻る。


そして文昭青年は言う。

「そう言えば、このあいだ仰っていた、横浜のデザイン会社とタッグを組んだ新商品開発の件って、あれからどうなりました？」

メモに書いてあること。

けれど、お客さんは「えっ？」と驚く。

「二ヶ月ぐらいまえのことだよな。……よく覚えているなあ」

「ふしぎなんですけど、覚えられる人ってすぐに覚えられるんです。ただ、なんべん会ってもぜんぜん覚えられへん人もいて。そういう人は、ほんとにぜんぜん覚えられへんのです」

「……じゃあ、俺は覚えられるほうか」

「そりゃあ、もうばっちり」

「そうかそうか」

お客さんはうれしそうに笑う。その笑顔に、えへへ、と文昭青年もうれしくなる。相手の予想を上まわった瞬間だった。

人はだれだって、「重要な存在でありたい」と思っている。

だから、相手に喜んでもらおうと思ったら、「あなたはわたしにとって、とても重要な存在ですよ」と表現すること。メモをとる、そういうひと手間を惜しまないこと。

みんながやっていないことに、価値があるのだから。

◆「リピーター」を生むのは、その人の「人間味」。

また、文昭青年は「笑い」をとても大切にしていた。

笑いは、人間関係の潤滑油となる。笑いのあるところに、幸せが訪れる。

文昭青年はカウンターに立ちながら、どうすればもっと笑ってくれるのだろう、と考えをめぐらせるようになっていた。

もちろん、笑わせるって、決して簡単なことではない。ならば、そうではなくてそんなに気を張らずに、**いっそのこと笑われよう、笑われ上手になろう、**と思った。

以来、文昭青年はカウンターで道化師に徹していく。笑われることで、だれも傷つけることなく、お客さんを主役として立てていった。

これまで抱えていた悩みや弱点が、むしろ「面白い」という強みに変わっていく。

いつのまにか、笑いの絶えないバーになっていた。

「おまえはバカだなあ」

最高のほめ言葉だった。**笑われることで、スッと相手のふところに入っていく。**ふところに入れば、仲良くなって、いろんな情報を教えてもらうことできる。

笑われる人は、にくめない人になっていく。

——とにかく、笑われ上手になろう。

お客さんが帰るときに言う、「また来るよ」は、ありがたい言葉だったけれど、それだけでは足りない、と文昭青年は考えていた。

文昭青年が、どうしても言ってもらいたかった言葉。

「……兄ちゃんに会いに、また来るよ」

価格よりも、立地よりも、味よりも、また来てくれるのは、中村文昭という面白い男がいるから。**「リピーター」を生むのは、その人の「人間味」だった。**

バーはまさに、飛ぶ鳥を落とす勢い。

わずか三年半で、六本木界隈をはじめ、西麻布など五店舗へと広がった。野菜の行商時代からは考えられないような飛躍だった。

仕事は楽しかった。給料もびっくりするぐらい増えた。

——ただ。

自分らしく、人の役に立つには、どうすればいいのか。自分なりの方法で、人に喜んでもらうには、どうすればいいのか。ずっと頭の片隅にあった。

また、師匠の言葉も気になっていた、という。

「俺の夢はな、おまえたち全員が立派な事業家になって、人に喜んでもらって、成功してくれることなんだ。中村、もちろんおまえもそのうちのひとりだ」

……それって裏を返せばつまり、いつかはここを旅立て、というメッセージなのではないか。

自分なりのお役立ち。それがどういうものなのか、今はまだわからない。

「……でも、待てよ」

文昭青年は、ふと思った。

今の、人と接するバーテンダーの仕事がおもしろくて楽しい。ならば、人と接することこそ、自分らしいお役立ち、自分なりの「人に喜んでもらう方法」なのではないか。

「うん。そんな気がする」

いろいろ頭で考えていたって、はじまらない。

文昭青年は思いきって、師匠に今考えていることを打ち明けた。

「人に喜んでもらえるバーを、自分でやってみたいんです」

まとまってはいなかったけれど、熱っぽく話した。話しているうちに、自然と熱を帯びてきた。**話す内容よりも、話す姿勢に「魂」が宿る。**

師匠は黙ったまま胡坐をかき、文昭青年の話に耳を傾けていた。——そして話を聞き終わり、ひと言だけ告げた。

「三重で、いちばんになれ」

「……はいっ」

文昭青年も「やるなら、地元の三重で」と決めていた。

何も考えず、やみくもに「でっかいこと」と言っていた頃とは違う。今の自分には「目のまえの人を喜ばせる」「人の役に立つ」という、確固たる目的がある。

それは、場所を選ばない。

ならば、地元に恩返しがしたい。

師匠もまた、故郷を大切にする人だった。

バブルの終わりごろ、まだ「地方創生」なんて言葉もなかったときから、広く社会を見渡して、地方の衰退に危機感を募らせていた。

「人として生まれたからには、太平洋のように、でっかい夢を持つべきだ」

尊敬する坂本龍馬の言葉に励まされる。

――中村文昭、二十一歳のときだった。

「……じゃあな」

師匠との別れは、互いに多くを語らなかった。

語らなくても、わかる。「がんばれよ」という無言のエールが、充分に伝わってくる。

短い間だったけれど、師匠と文昭青年はそれほどの関係になっていた。

「はやく行け」

師匠が煩わしそうに言う。

感謝しても、感謝し尽くせない。**師匠を持ったことで、人生が濃くなった。**泣いちゃいけない、泣いちゃいけない。思えば思うほど、感極まって、涙が溢れそうになる。

「ありがとうございました！」

まだ何もはじまっていないのに、涙を見せるわけにはいかない。文昭青年は頭を下げて、表へ飛び出した。

息が切れるまで、涙が乾くまで走りつづけて、もうこれ以上は走れない、というところで足を止めた。汗を拭い、呼吸を整えて、ふと空を見上げる。

そこには、抜けるような青空が広がっていた。

「……デッカく生きてやろう」

――しかし、ここまではまだ、序章に過ぎなかった。

◆あきらめるな。あきらめたら、その瞬間から癖になってしまう。

「人に喜んでもらえるバーを、自分でやってみたい」

胸いっぱいに想いを抱えていたけれど、資金はまったくなかった。バーテンダーとして稼いだはずのお金が一銭も残っていない。

師匠の教えだった。師匠は貯金を良しとせず、「若いうちは、もっと体験に投資しろ」と言い、たとえば一泊三十万円近いホテルのロイヤルスイートルームに泊まったり、一流を体験するようにすすめた。

「一流には、妥協がない」

師匠の哲学だった。

だからこそ、**一流から学んで、自分の下地をつくっていく。そうすれば、妥協のない自分になっていくことができる。**

ただその結果、貯金なんてまるでなかった。

「……どないしたらええんやろか」

けれど、ひらめきはすぐに訪れた。

「そうか、銀行に借りたらええんや」

お金がないなら、銀行から借りれば良い。カンタンなことだ。「いやあ、良かった良かった。これでお金の問題は解決やな」と、東京から帰ったその足で、銀行に向かった。

窓口へ行き、ぐいと身を乗り出す。

「お金を貸してください」

「えっ？」

ちょっとペンを貸してください、というぐらいの軽さで、「お金を貸してください」と言う、ぼろぼろのバッグを抱えた坊主頭の若者。

ヘンな人が来た、と窓口の女性は思っただろう。

「バーをやるので、お金を貸してください」

「えっと。……ちょっとお待ちください」

困った笑みを浮かべて、席を立った女性が、やがて奥から連れて来たのは、いかにも、という風貌の男性銀行員だった。

文昭青年のまえに立って、ぴしゃりと言う。

「お帰りください」

「えっ、借りられへんのですか、お金」

「せめて、保証人がいないことには」

「保証人？」

何でも、今の自分には取引上の「信用」というものがないらしい。

信用がないうちは、お金が借りられず、「保証人」を立てなければ、お金を貸してもらえないらしい。**信用って、書類で計れるものではないのに。**

「……保証人か」

唯一、思い当たるのは、——両親だった。両親しかいない。

実家に帰るなり、文昭青年は玄関先で腰を据えた。

何ごとか、と驚く両親に頼み込む。

「保証人になってくれへんか」

「……保証人？」

ちゃんと説明をする必要がある。

文昭青年は、玄関に正座したまま、東京で学んだことを話した。師匠のもとでの修行、三重でやりたいこと、なぜやりたいのか、という目的。

――けれど。

家出同然に出ていった息子が、帰ってくるなり「保証人になってくれ」と言う。ひとめで見てわかるぐらい、たくましく成長したとはいえ、あまりにも唐突過ぎる。

感動の再会にもならない。

父親は首を縦に振らなかった。母親でさえ、難色を示した。


もちろん、文昭青年だって、すんなりいくとは思っていない。

「あきらめるな。あきらめたら、その瞬間から癖になってしまう」

師匠に教えてもらったことを胸に、文昭青年は保証人のハンコを押してもらえるまで、テコでも玄関先から動かぬ、と覚悟を決めた。

このまま、座り込みをつづけてやる。

「なにも、金を貸してくれって言うてるわけやない。ほかに頼めるところがないから、保証人になってもらいたいだけ。それ以上はなにも求めん。約束する」

どちらが先に折れるか。父親との静かな戦いだった。

――否、それだけではない。動かぬ、と決めたからには、何がなんでも動くわけにはいかない。すなわち、迫りくる「尿意」との熾烈な戦いでもあった。

尿意は父親以上に、容赦がなかった。

「……ああ。も、もれる」

セミは命の危険を感じたときに、おしっこを飛ばしてその場を切り抜けるという。

――それ以上詳しくは、語らない。

ただ、そのときの文昭青年はまさに、セミそのものだった。

父親と母親が、黄色く汚れた雑巾を手に右往左往する中、文昭青年は保証人のハンコを得て、その場を切り抜けた。


そして、三重にショットバー「クロフネ」をオープン。

ショットバーを皮切りに、いくつかの店舗を展開。

難しいことはしていない。頼まれごとは試されごと。返事は、0・2秒。今、この瞬間、目のまえにいる人を全力で喜ばせること。

師匠の教えをがむしゃらに実践した。

お客さまの予想を上まわりつづけ、喜びが連鎖していく。やがて三重でも飛ぶ鳥を落とす勢いとなっていった。


その中で、文昭青年はウェディングレストランと出会う。

だれもが幸せを願い、幸せを分かち合う空間。一生のうちで記憶に残るほど、幸せを感じられるところ。もし、そんな一生もののお手伝いができたなら……。

「めっちゃええやん」

俺がやりたかったのは、こういうことなんや。


人は人を喜ばせるときに、いちばん幸せを感じるもの。

◆本当は、出会いって、どこにでも転がっているものなのだ。

文昭青年はさっそく、ウェディングレストランの準備に入った。

カップルのために。来られるゲストのために。

あれもしたい。これもしたい。もっと喜んでもらいたい。もっともっと喜んでもらいたい。イメージを膨らませながら、企画を考えていく。楽しくて、仕方がなかった。

喜んでほしい、という一心で、外装にも内装にも、中身にもこだわりつづけた結果。気がつくと、必要な開業資金は、――二億円を超えていた。

「……二億?」

ごしごしと目をこすってみても、二億という金額は変わらない。

我ながら、笑ってしまう。

「……さすがに、二億は」

そう言いながらも、文昭青年は何とかなるような気がしていた。――道はひとつではない、と知っていたから。**自分ならきっと「その手があったか」という道を見つけられる。**

ひとまず、父親に尋ねてみた。

「おとんって、これまでに、一度でなんぼぐらい借金したことあるん?」

「ん、借金か」

父親は誇らしげに、ふふん、と鼻を鳴らす。

「屋根を葺き替えるのに、五百万やな」

どうだ、と言わんばかりだったが、文昭青年はそれ以上に質問を重ねなかった。きっと、二億円もの借金を考えているなんて言えば、ひっくり返ってしまうだろう。

師匠から教わっていたことがある。

「実践した人間には、絶対に敵わない。だから相談を持ちかけるときには、それを成し遂げた人、チャレンジした人。経験を持つ人に相談するべきだ」

せめて、二億円の十倍、二十億円ぐらい借金をしたことのある人に尋ねてみたい。

そこで文昭青年は、地元の商工会議所へ出向いた。

「突然、すみません」

「はいはい」

窓口の職員が迎えてくれる。

「あの。二十億円以上の借金をした人を紹介してもらえません？」

「はい？」

職員が驚くのも無理はない。そんなお願いに来るなんて前例がなかった。

けれど、当時はまだいろんな規制が厳しくなくて、なんと三人もの猛者を紹介してもらうことができた。

ひとりは、三十億の借金をしたことがある人。

もうひとりは、五十億の借金をしたことがある人。

そして、もうひとりは驚くべきことに、百五十億の借金を踏み倒して、――今も毎晩、飲み歩いている、という人。

ケタが違う、と文昭青年は震えた。はやく会いたい。はやく会いたくて仕方がない。うれしさのあまり、震えが止まらなかった。

「世の中には、まだまだとんでもない人たちがたくさんいる」

人生は、有限。行動するときは、躊躇しない。「そのうち」という言葉は使わない。文昭青年は迷わず、すぐに会いに行き、信じられないような話をたくさん聞かせてもらった。

借金百五十億の男は言った。

「中村くん。きみは真面目やから、元金と利息を返さなあかんと思ってるみたいやけど。

ええか、そんなものは気にするな。二億ぐらいやったら、きみの命でチャラになる」

「……えっ、命?」

「利息を払うだけでええ。元金なんか、ビタ一文払うかいな。だって生命保険のお金があるやろう。その金で、元金をチャラにするんや」

「……」

「そうしたら、考えてみ。中村くん、きみの事業は儲かるで」

絶句だった。

……すげえ。こんな人がいるのか、世の中には。

また、借金三十億、五十億の男たちは、口を揃えて言った。

「そりゃ、きみ。銀行に借りるんと違う。お金持ちに借りたらええねん」

「……お金持ち、ですか?」

「頼むのは、タダやからな。せな、もったいない。失うもんがないねんから」

その発想はなかった。

「でも、お金持ちの知り合いって」

「税務署に行ってみ。高額納税者が調べられるやろ」

当時はまだ、高額納税者が公表されている時代だった。会社や店舗などをたどれば、会いに行くことができる。

出会いがない、なんてことはない。

本当は、出会いって、どこにでも転がっているものなのだ。

「人って、人生って、面白いな」

人への興味が尽きず、素直に「面白いな」と感心しているうちに、人から人へと、ご縁が連鎖していく。

文昭青年は言われたとおり、高額納税者を調べ、時間を見つけては会いに行った。そしてウェディングレストランへの想いと、「お金を貸してほしい」と言ってまわった。目のまえの人がだれであれ、文昭青年の行なったことは、たったひとつ。今の時点で、自分が持っている、ありったけの人間力をさらけ出すことだった。

この人がだめでも、次の人が。

次の人がだめでも、その次の人が……。

会っていくうちに、二年半ぐらいが経っていた。

——そして。

もう何人目になっていたのだろう。

「おもろいなあ。よっしゃ、きみに託そう」

すんなりと承諾してくれた高額納税者。

「……え、ほんまですか」

「ほんまほんま」

高額納税者はそう言って、快活に笑う。

あまりにすんなりだったので、文昭青年は感謝よりも先に驚いてしまい、「な、なんでですか?」と首を傾げた。

「だって、めっちゃおもろいやん。途方もない二億円もの大金を、〈熱意〉ひとつで借りようと思うなんて。そんな若者やったら、何かしてくれるん違うかって思うやろ」

「あ、ありがとうございます!」

会えば、きっと何かが動きはじめる。

知識も、方法論も、関係ない。

人の心を動かすのは、たったひとつの熱意。テクニックなんて必要ない。ただ、まる裸の情熱こそがすべてだった。

◆「兄ちゃんの名義でサラ金からお金を借りてもらわれへんやろか」

答えは、お客さまの中にある。

その「答え」にとことんまで耳を傾けて、カタチにしていく。

十人十色、ひとりとして同じ人間はいない。そんな「そのカップルにしかできない、体感型の特別な結婚式」が挙げられるウェディングレストラン。

従来の型にも、はまらない。

一生ものの「宝もの」にふさわしい感動の渦巻くところ。

広告、宣伝はしていない。オープンからうわさがうわさを呼び、口コミだけで、なかなか予約の取れないウェディングレストランへと成長していった。

何もせずとも、売上がどんどん上がっていく。

二億円の借金も、想定以上にはやく返済することができた。抱える社員も増え、みずからの年収も劇的に伸びていった。

二十六歳の文昭青年はやがて、こう思うようになっていく。

「俺は、人を喜ばせている。せやから、うまくいっているに違いない」

そのとおりだった。間違いではない。

間違いではないけれど、その「奢り」みたいなものが少しずつ、文昭青年の持つ「純粋な心」を狂わせていく。


——あるとき。

文昭青年のもとに相談が舞い込んだ。

「……潰れたカラオケボックスがあるんやけど」

普通のカラオケボックスではない。バブル最盛期につくったのだろう。過度にお金のかかった、とにかく大きな建物だった。

「これほど大きなハコで、おもろいことができるのは、もう中村しかおらん」

そう白羽の矢を立てられた、文昭青年。

——頼まれごとは、試されごと。

否、それよりも、「俺なら余裕やろう」と、どんと胸を叩いて引き受けた。

ウェディングレストランで進めていた、労力が少なくまとまった額の入る、結婚式の二次会をそちらで広く展開しよう、という目算もあった。

「お客さんを流すだけやから、きっとうまくいく」

文昭青年は、そう信じて疑わなかった。

けれど、その目算はみごとに外れてしまう。三千万円以上の改修費をかけたにも関わらず、お客さんは土日にちらほらと訪れるだけ。

維持費がかさみ、毎月百万円を超える赤字となった。転がり落ちるように、自分の首が絞まっていく。策を練れど、手を打てども、空まわりするばかり。

歯車が、手の施しようがないほど、狂っていく。

「……どうしたらええんや」

寝ても、覚めても、膨れ上がる赤字のことが頭から離れない。髪を掻きむしっても、胃がきりきりと痛んでも、打開策は見つからない。

人生で、これほど追い込まれたことはなかった。人と会ったときには、何ごともないように笑っていたかもしれない。

——けれど、心の底から笑えるなんてことは一切なくなっていた。

オープンからわずか一年。

経営は、完全に行き詰まってしまった。好調だったショットバー、ウェディングレストランの売上もどんどん食いつぶしていく。

苦しかった。

借金の返済に迫られ、サラ金にも手を出してしまった。

返せる見込みのないまま、べつのサラ金にも手を出して、またべつのサラ金にも手を出して。あらゆるサラ金から、お金を借りて急場をしのいだ。

しかし、そのお金もあっけなく消えてしまう。

「……ごめん。もう俺の名前では借りられへんねん。悪いねんけど、兄ちゃんの名義でサラ金からお金を借りてもらわれへんやろか。このとおり」

何度、頭を下げただろう。

兄だけではない。結婚して間もなかった奥さんにだって、ほかの親戚にだって。恥や世間体なんて言っていられない。とにかく借金返済のための現金が必要だった。

ポストには、督促状が溜まっていく。

手を出したら終わるぞ、とわかっていても、とうとう高利の「街金」にも通わざるを得なくなった。その頃から「首をくくる」という選択肢が頭をよぎるようになった。

天井を見上げては、ロープがかけられそうなところを探してしまう。

——当時の中村文昭は、今からは想像もできないほど、うつろな眼をしていた。

わけもなく、涙が流れてしまう。

家のまわりを、黒ずくめの男たちがうろうろしている。

「……さすがに、もうあかん」

文昭青年が、ＬＭＰ人持ち人生塾、横井悌一郎塾長と出会ったのは、ちょうどそんな、わらにもすがるような、絶望の淵にいた頃だった。

志の展開

第4章

LMPとの出会い
横井塾長との出会い
講演家へ

◆相手の話を「聞く」ことで話が広がっていく。

——何かを変えたい。でも、どう変えればいいのか、わからない。もがいてももがいても、沈んでいく中で、師匠と出会ったときのような衝撃、人生ががらりと変わるほどの「何か」をずっと求めていた。

お金はない。

けれど、自分への投資をやめよう、とは思わなかった。

「若いうちは、見えないもの、つまり出会い・経験・学びに投資をしろ」

消費ではなく、投資。

自分のものさしではかれないぐらいが、ちょうど良い。「こんな人、おるんやっ」という出会いに投資をすること。

師匠に教わったとおり、文昭青年は苦しいながらも、「見えないもの」、「カタチのないもの」に投資をつづけた。見栄を捨てて、価値を感じられるものを求めつづけた。

そのうちのひとつが、——新幹線だった。

文昭青年は、新幹線を「移動手段」とは考えていなかった。**文昭青年にとって、新幹線とは、最高の「出会いの場」であった。**

若いうちから背伸びをしてでも、グリーン車に乗ってきた。

経営が行き詰まって、生活が苦しくなっても、かき集めた小銭を握りしめて、文昭青年は並々ならぬ思いでグリーン車に乗りつづけた。

そして――。

「すんまへんなあ、すんまへんなあ」

となりの席の人に詫びながら、荷物を棚に上げようとする。

文昭青年による、謎のこてこて関西弁。

大きな身体をぐぐっと寄せて、「よいしょ、よいしょ」とやっていると、シャツの裾がぴらぴら、ぴらぴらととなりの人の顔をなでていく。

「ああ、すんまへん。すんまへんなあ」

「いえいえ」

荷物を上げて、ふうふう言いながら、やっと自分の席に座る。――と、ちょっと足を踏みはずして。

「あ、痛っ」

相手の足を踏んづけてしまう。

「ああ、すんまへん。大丈夫でっか。ほんま、すんまへん」

「いえいえ、大丈夫ですよ」

「なにを言うてますの。そんなわけにはいきまへん。客商売をしてるにも関わらず、人さまの足を踏んでしまうなんて。あ、客商売いうのは、伊勢でレストランをしてまして」

「へえ。伊勢でレストランを」

「そうですねん。ちなみに今日は、お仕事で東京へ？」

「まあ、そんなところかな」

そんなきっかけからはじまり、どんどん話が広がって、気がつけば「え、もう降りる駅？」とお互い、顔を見合わせる。

盛り上がるコツに、難しいテクニックはいらない。**こちらが話すことで、話が広がるのではない。相手の話を「聞く」ことで話が広がっていく。**

そしていつのまにか、旧知の仲になっていた。

となりが寝ようとしていたって関係ない。

やや大きめの「すんまへんなあ、すんまへんなあ」で、相手を決して寝させない。話しはじめると、どんどん盛り上がって、むしろ相手のほうが覚醒していく。

中村文昭だからできたこと、ではない。

文昭青年自身、楽しみながらも、修行だと思っていた。

たしかに、文昭青年はもともと人が好きで、人なつっこいけれど、同時に、**出会った瞬間から「自分は、この人のどういうところが好きなのか」をいつも考えるようにしていた。**

好きなところを、まずひとつ見つけること。

それがきっかけとなり、相手に興味を持ち、話が膨らみ、ますます相手のことを好きになっていく。みずから好循環を生み出していた。

出会いは待つものではなく、つくるもの。

おかげで、大企業の経営者、芸能人、プロスポーツ選手、有名でなくても面白い人たち、いろんな人たちと出会い、文昭青年の「目には見えない」血肉となった。

みんな、「すんまへんなあ」のたった一言からつながった、ご縁だった。

その中のひとりに、大手企業のある役員さんがいた。

あまりに盛り上がりすぎて、新幹線に留まらず、親交がつづいて、なんと「どこか旅行に行くときには連絡して」と、航空券などを安く融通してくれるようになった。

「俺と中村くんは、友だちだからな」

仕事上の付き合いではない。

友だちをつくることが、仕事の質を変える。

やがて、うわさは広まって。

「中村に言えば、安く航空券が手に入るらしい」

ちょっとした話題になった。

ご縁がご縁を呼び、航空券を手配していく中で、また何人もの経営者と出会い、関係を深めていく。伊勢の先輩経営者、南勢建築設計の伊東俊一社長もそのおひとりだった。

伊東社長は、ことあるごとに言った。

「なあ、中村くん。一緒に学ばんか」

「……学ぶって、何を」

「経営、というか。人としての基礎やな」

聞けば、LMP（エル・エム・ピー）伊勢塾というところで学んでいるらしい。

……なんや、ＬＭＰって、と思いながらも。

「はい、行ってみます」

――返事は、０・２秒。

師匠の教えに従った、というのもある。ただ、それ以上に、悪化の一途をたどる経営状況をなんとか変えたい。わらにもすがる思いがあった。

伊東社長が言うには。

「ＬＭＰって言葉だけ聞くと、なんやわからへんけど、ライフ・マネジメント・プログラム。要するに、自分は、自分の人生の経営者である、ということやな」

社長だけが、経営者ではない。

会社員だって、主婦だって、アルバイトだって、学生だって。立場なんて関係ない。人は皆、「自分」という会社の経営者である。

そして**経営の本質は、「与えることで、ともに幸せとなっていく営み」に尽きる。**

――自分は、そういう生き方ができているだろうか。

なんだか原点に帰ってきた気がした。

◆インプットよりも、人はアウトプットすることで学んでいく。

教えてもらう、というよりは、気づいていく。

ここ最近の自分をかえりみて、思い描く未来と現状の「答え合わせ」をしていく、同じ志の仲間とつながり広がっていく、という勉強会だった。

なにより師匠の学びが、明文化されていたことに驚いた。

……あんなに怒られんでも、はじめからここに来ればよかったんと違うか。

そんな冗談を思いながら。

「俺が求めとったのは、ここかもしれん」

これまでの経営そのものが変わる、ような気がしていた。

たとえば、ＬＭＰで明文化されていたこと——。

① 人間には、無限の素晴らしい能力がある。

ここに、小さな種がある。

その小さな種にはもうすでに、立派な大樹となる仕組みが備わっている。目には見えなくても、今はまだ小さくても、ちゃんと備わっている。

人も同じ。

ひとりひとりの中には、すでに大輪の花を咲かせる仕組みが備わっている。人間というものは、じつはあらかじめ想いを成就させる仕組みが備わっている。

もとから備わっているその仕組みに従っていけば良いだけなのに、大人になるにつれ、他人と比較したり、世間を気にしたり、見栄をはったり。

せっかくの仕組みが、うまく働かなくなってしまう。

もともと備わっている仕組みを生かすためには。

――人間力を、高めること。

②人間力は、習慣によってつくられる。

人間力は、一日してならず。習慣によってつくられる。

今はほとんど実感がわかないかもしれない。

けれど一ヶ月後には、一年後には、五年後には、その小さな習慣が、小さな習慣の積みかさねが、思い描いていた未来以上の世界を見せてくれる。

だから、良き習慣を持つこと。

思考、行動、人間関係において、良き習慣を持つことである。


どんな状況でも「これは自分にとって、どんな意味があるのだろう」と自問しながら価値を見出し、行動に変えていく「肯定思考」でいること。

自分の進むべき道、すなわち「志」を軸とした行動をすること。

まずはこちらから与えて、相手に喜んでもらう「重要感表現」をつづけながら、ひととの絆、人間関係を大切に育んでいくこと。

③志を立てることで、まわりを引きつける磁力が生まれる。

志を立てた瞬間から、人生の捉え方が変わる。

世界の見え方が変わる。

自分の志とは何なのか、を常に問いつづけること。志とは、自らの進むべき道であり、また同時に、原動力でもある。

高級車がほしい、海外旅行に行きたい、は志とは言えない。

志とは、自分の内なる声に耳をかたむけ、自分の強みを生かしたもの。だれかの役に立ち、共感を得て、喜んでもらえるものである。

それゆえ、志はまわりを引きつける磁力を持つ。

志を立てるのに、老いも若いもない。等しく道がひらけていく。だから、志を持とう。いつだって「今」がもっとも若く、最善である。

志が立ったなら、もう「失敗」は存在しない。

それは失敗ではなく、達成への必要な「糧」になるから。

④ 与える者が与えられる、人持ち人生。

天国のスプーンという寓話がある。

あの世のテーブルには、天国だけではなく、地獄にもたくさんのごちそうが並んでいるという。しかし、地獄にいる者たちは、ごちそうを食べることができない。

よく見ると、スプーンが2メートルにも及んでいる。

ひとりでは到底、食べることができない長さである。

天国では、そのスプーンを使い、目のまえにいる相手へ与えている。

一方、地獄では、だれにも食べものを渡したくない、ひとり占めしたい、と自分ひとりで囲いこむため、ぼろぼろとこぼれて、食べられないままでいる。

与える者が与えられる。

そうやってお互い、与え合い、豊かに暮らしていく。

人間の究極的な幸せって、人とのつながりにあるもの。人を信頼して、人から信頼される、「人持ち人生」を送っていくこと。

──文昭さんは、師匠の言葉を思い出していた。

「人の役に立つこと、人に喜んでもらうこと。これこそ、人生の目的なんだ」

……やっぱりもう一度、学びなおせってことやな。

文昭さんは、人知れず、ほほ笑んでいた。

勉強会と聞いていたが、机上の学びだけではなかった。手を動かし、まわりとしっかり会話をして、自分の意見も述べていく。

インプットよりも、人はアウトプットすることで学んでいく。アウトプットこそ、最強のインプットであった。

◆スピードが、相手に本気度を伝える、最善の手段である。

その LMP 伊勢塾で、文昭さんはひとりの友と出会う。

有限会社谷真珠の代表取締役、谷興征さんである。

年齢も近く、同じ三重県の出身。何より、ふたりとも苦境に立たされ、経営難に喘いでいた。

――それでも。

自分たちはまだ、終わった人間ではない。

「……このLMP伊勢塾から、また立ちなおってみせる」

あきらめた人間は、自己投資なんて考えない。自己投資をするということはつまり、自分の未来を信じている、ということだ。

そんな中で出会ったふたりは、すぐに意気投合。肩を叩き合い、互いを「谷ちゃん」「文ちゃん」と呼び合う仲になった。

谷さんは、真珠王、御木本幸吉の末裔。

真珠に対する谷さんの想いは、並々ならぬものがあった。その想いに、文昭さんは心から惚れたという。

真珠のネックレスは、まるで人生の美しさがぎゅっと凝縮されているよう。

じつは、真珠の一粒ひとつぶは、ひとつとして同じものがない。

個性を持つ、さまざまな真珠たちに、一本の糸を通すことで「一連」となり、つながっていく。そのつながりが、美しい真珠のネックレスをつくりあげていく。

人も、ひとりとして同じものはいない。

ひとりひとり、みんな違いながらも、「想い」という一本の糸を通すことで、「一連」となり、つながっていく。ものごとが大きく動いていく。

——そして。

人とのつながりの中で、人生はより美しく磨かれていく。


真珠のネックレスだけど、真珠のネックレスに留まらない。

谷さんは、そんな想いで仕事と向き合っていた。


ただ、熱い想いを持っていても、ときに経営難は容赦なく襲ってくる。谷さんもまた、経営難に喘いでいた。——それでも。

ここなら、流れが変わる。これまでの経営そのものが変わる。

「なあ、谷ちゃん」

「そうやな、文ちゃん」

新友は、信友となり、親友となって、心友となる。

聞けば、伊勢塾はあくまで支局。本部は大阪にある、とのこと。

その本部には、塾長である横井悌一郎という人がいるらしい。そういえば、LMP伊勢塾をすすめてくれた伊東社長も言っていた。

「中村くんにはぜひ、横井塾長に会ってほしいな」

横井塾長は、江戸時代からつづく実業家、横井家の十一代目。

京都大学を卒業後、公認会計士を経て、横井林業グループの代表へ。さらに、「LMP人持ち人生塾」を創設。全国各地で、志のあるリーダーを育てている。

また、大阪青年会議所の理事長も務めている。

四国の名峰かつ、日本百名山のひとつ「剣山」の持ち主であり、財団法人「横井人間力財団」の理事長でもある。

まさに、雲のうえの存在だった。

――雲のうえの存在ではあったけれど……。

「……どんな人なんやろう」

会いたい。会ってみたい。
どうせ会えないだろう、とは考えない。**足かせをつくるのはいつだって、自分自身。実際、会いに行ってみれば、意外と簡単に会える**ことを文昭さんは知っていた。

言うがはやいか、文昭さんはさっそく、大阪へ向かおうとした。

ところが――。
横井塾長のほうが、一枚うわてだった。

スピードが、相手に本気度を伝える、最善の手段である。

文昭さんよりもさきに動いて、伊勢を訪れた、という。そのため、文昭さんがはじめて横井塾長に会ったのは、伊勢市内の喫茶店だった。
「きみが、文ちゃんか」
やあやあ、と立ち上がって、握手を求めてくる。
朗らかなのに、ぴりりと空気を引き締める。握手にチカラが込められている。師匠とはまたちがう、ふしぎな空気感を横井塾長は持っていた。

そして、言う。

「ひとまず資料を渡しとこうか」

「……資料？」

首をかしげる文昭さんにかまわず、横井塾長はうれしそうに、ドン、と分厚い資料を手渡した。表紙に「ＬＭＰ人持ち人生塾」の例会、とある。

「塾でつかう、資料やな」

「……こ、こんなに？」

「良い仕事は、準備で決まるからな」

さらに、つづけて言う。

「尊敬する、パナソニックの創業者、松下幸之助さんも言うてる。**〈経営の極意は、雨が降ったら傘をさすこと〉**って」

「……傘を？」

「要するに、傘を準備してへんと、傘はさされへん。あたりまえやけどな。でもそれぐらい、準備っていうのは大切なことやねん」

「……」

準備とは、無縁。いつだって、ぶっつけ本番。行きあたりばったりでここまで来た文昭さんは、分厚い資料を手に、ただ驚くばかりだった。

……俺と、真逆。

横井塾長に対する、正直な第一印象だった。

……どこか、俺の父親に似てるかもしれん。

緻密で、ものごとをきっちりとしていきたい。規律も正しく、まっすぐで、ひとりでコツコツ、着実に準備を進めていきたい。

しかも、聞けば、人がいやがるような役ばっかりを引き受けて、損得とはまったくちがう価値観で動いている。「人のため」を判断基準に、ものごとを捉えている。

だからこそ、信頼が厚い。

会って、まだたったの数分。

それでも文昭さんは、もう横井塾長のことを、「これは、第二の師匠と出会えたかもしれん」と思いはじめていた。

――そしてこの出会いが、文昭さんの人生を大きく変えていく。

ただ、もちろん、このときはまだだれも、未来のことなんて予測できていなかった。

◆ものごとは必ず、ふた通りのとらえ方がある。肯定的に考えるか、否定的に考えるか。

けれど、困窮していることに変わりはなかった。

寝ても覚めても、資金繰りのことで頭がいっぱい。取り立てが家の戸を叩くようになっていた。ふっと首をくくろうか、このまま身を投げてしまおうか、と思うことだってあった。

それでも最後の最後。自分の実力、熱量が知りたかった。

「俺は、どこまでやれるんやろうか」

そして、それをはかるのは、横井塾長のもとだろう、とも思った。

ものごとは必ず、ふた通りのとらえ方がある。肯定的に考えるか、否定的に考えるか。どちらも自分で選ぶことができる。ならば、自分はどちらを選ぶのか。

「……俺はまだ、くたばっていない」

どん底は、人生というドラマを面白くする。

――ＬＭＰの本部は、大阪にある。

「……大阪に行こう、谷ちゃん」

「そうやな。行ってみよか、文ちゃん」

三重県の伊勢で、井の中の蛙で終わるのか。名だたる経営者たちのいる大阪で、自分らしさを表現することができずに終わってしまうのか。

あるいは、そんな中でも、自分らしさを表現できるのか。

復活を遂げることができるのか。

期待と、少しの緊張感。

何より、経営難という切実な想いを抱いて、ふたりは大阪へ向かった。

挑戦することそのものが、自分を励ましてくれるきっかけになる。

当時、大阪のＬＭＰ人持ち人生塾は、横井塾長の自社ビルでおこなわれていた。

そのうちの会議室に、数十名の経営者が集まっている。年齢層は幅広く、女性の姿も見受けられる。皆、わいわいと談笑している。

……雰囲気、明るいな。

場に呑まれてはいけない、と谷さんとともに気を張っていたが、拍子抜けするぐらい、なごやかな雰囲気だった。

向こうから声をかけてくれて、名刺交換をしていく。

「……っ！　谷ちゃん」

「……文ちゃん」

名刺交換をするなり、ふたりは顔を見合わせた。

立派な企業の経営者ばかりだった。

……なんや、ここ。

これまで属してきた、どの集まりともちがう。

まわりの会話に聞き耳を立てると、「理念」、「習慣」、「チームの志」など、ふだんは使わないような言葉が飛び交っている。

「志を立てた瞬間から、人生の捉え方が変わる。世界の見え方が変わる。志を立てるから、

自分の進むべき道が見えてくる」

「塾長の言うとおり、**経営者が念頭に置くべきは、ファンづくり・オンリーワンづくり・幸せなチームづくり・成果数字。うちは今、ファンづくりに取り組んでいる」**

「**日々、継続していく中で、ステージを上げていく。これが、重続ということ。**重続は、たしか塾長の造語とちがうかったかな」

もちろん、中には簡単な近況報告とか、ゴルフのスコアとか、そんな話もあったけれど、多くがお互いの仕事に対する「熱意」みたいなものを交換し合っていた。

文昭さんは、震えていた。

一般的な経営者とは、見ている景色がちがう。売上とか、目に見えるものだけを見ている人は、ここにはひとりもいない。視野の広さと高さが、ぜんぜんちがう。

「……めっちゃ、おもろいな」

ここにいる経営者たちの言うこと、なすこと。すべてが面白かった。

そして、この空気感に、文昭さんはとてもしっくりと来ていた。

経営について、ひいては人生について学びながら、実践しながら、まわりを笑わせる、楽しませる余白みたいなものがちゃんと残っている。

「……この中で、いちばんおもろいやつになったろやないか」

名前と顔を覚えてもらう、だけじゃ足りない。

名だたる経営者の中で、存在感を示す、ポジションを得る。人知れず、文昭さんはそうなれるよう、虎視眈々と狙っていた。

◆他人の脳を借りたら、自分以上の思考ができるようになる。

文昭さんと、谷さんは、大阪のＬＭＰ人持ち人生塾に通いはじめた。

伊勢から大阪まで、ひたすら近鉄電車に揺られていく。

片道、３０３０円（当時）のおよそ二時間。正直なところ、３０３０円でさえ惜しかった。さらに、ＬＭＰ人持ち人生塾が夜の開催だったため、日帰りすることもできない。

宿泊するしかなかった。

もちろん、一泊8000円のところなんて泊まれるわけがない。

精いっぱい妥協して、一泊1500円ぐらいのところ。繁華街の裏、暗がりの中にある、ぼろぼろの粗末な宿屋に、谷さんと転がり込んだ。

うす暗い四畳半の空間に、ちゃぶ台がひとつ。

谷さんと薄く、ほこりっぽい布団を並べ、汚い天井を見上げた。

暑い、夏の夜だった。

「……今でも、こんな宿が残ってるんやな」

行商時代の集団生活を思い出す。

あの頃も、こんなふうにぺらぺらの布団を並べて、「俺たちはまだまだここから。いつかデカい男になってやる」って話していたっけ。

「……なあ、谷ちゃん」

「ん？」

谷さんも、まだ起きていた。

「今は苦しいかもしれへんけど、小手先のことだけはせんとこな」

「……そうやな」

「俺たち、ふたり。ここから、這い上がっていこ」

「ああ」

ぽつりぽつりと会話を交わしていく。大阪の夜が更けていく。


毎月、伊勢から大阪まで。

その近鉄電車内もふたりにとって、とても大切な時間だった。ふたりは、愚痴をこぼさなかった。未来のことだけをとことん語りあった。


悩んでいるとき、どん底のとき、人ははじめて本音が出て、ハダカになる。


ふたりの本音は、「這い上がってやる」に尽きる。

問題が起こっても、天からのメッセージとして受け取ること。

そもそも、ツラい経験こそ、自分を磨くチャンスの宝庫じゃないか。人生というドラマが面白くなる要素じゃないか。

「……俺らは、ここから面白くなるで」

けれど、そう言いながらも、文昭さんは会社の経理担当からの言葉を、ずっと引きずっていた。経理担当が、必死に訴えていたのだ。

「社長、大阪なんかに行って、何になるんですか」

「……」

「今、会社がどういう状況か、わかってるでしょ。会社にとっては、社長が大阪へ行く、その電車賃でさえ必要なんです」

「……」

「大阪に何があるっていうんですか」

――わからへん。

「俺にも正直なところ、わからへん。わからへんというか、うまく言葉にできへん」

「だったら……」

そう言う、経理担当者の言葉を、文昭さんはさえぎった。

「でもな。でも、こんな今やからこそ、行かなあかんねん。やり方やない、あり方から見つめなおさんと。俺たちはまた、同じことをくり返してしまう」

「……」

「それにな。あそこには、お金とか数字じゃはかれない、人とのつながり、ご縁がたくさん広がってる。それをないがしろにした経営だけはしたくないんや」

文昭さんは、訴えるように経理担当者の理解を求めた。

――文昭さんの直感が、「ここで学べ」と叫んでいた。


そして横井塾長のもとで、文昭さんは学んでいく。

塾は、理念を立て、その理念に基づいて、習慣の質を高めていくものだった。

習慣とは、思考習慣・行動習慣・人間関係習慣によって成り立っているため、今の習慣をかえりみながら、ひとつずつを見つめなおしていく。

そういう塾だった。

さらに、同じ志を持つ仲間たちともつながり、広がっていく。

どう生きるのか、という問いと向き合う場所だった。


――ただ、文昭さんは決して、まじめな塾生だったわけではない。

まじめ、ではないけれど、「素直」だった。素直に、場の空気をつくること、人とつながることを念頭に置きながら、参加していた。

なにより、塾そのものが単純に面白かった。

塾の後半になると――。

「じゃあ、感想と決意を述べていこか」

横井塾長が言う。

塾に参加した感想を言い、それを踏まえた決意を述べる、というもの。各グループで、参加者全員にまわってくる。持ち時間が決められていて、時間内に述べなければならない。

きた、きた、きた。

文昭さんは、この「感想と決意」に、もっともチカラを注いでいた。


単なる、感想と決意だけじゃ、面白くない。

さっき話した参加者のコメントを拾って、ひとつ笑いをとり、聞いている人たちの反応も拾って、もうひとつ笑いをとる。

もちろん、笑わせるだけではない。

あっちこっちに飛躍した話をまとめながら、その日の「学びのポイント」に集約させ、「なるほど」とまわりを唸らせていく。話し終えたら、時間内におさまっている。

文昭さんは、そのためにひとり、頭をフル回転させていた。

今の積み重ねが、未来をつくっていく。

文昭さんにとって、「感想と決意」は、他人の脳を借りてくる、という感覚だった。この人だったら、どう思っただろう。あの人だったら、どう考えただろう。その人になったつもりで考えてみる。すなわち、他人の脳を借りてくる。

他人の脳を借りたら、自分以上の思考ができるようになる。

その多角的な視点が、話力を、グン、と伸ばす。事実、文昭さんの話力は、このときの「感想と決意」がベースになっている。

塾が終わり、いつもの古い安宿へ戻る途中。谷さんとふたりで、唯一の贅沢、ラーメン屋ののれんをくぐった。ふたりですすったラーメンの味は今でも忘れられない、という。

◆「うまくいってるから、胸を張るんやない。胸を張るから、うまくいくんや」

ただ正直なところ、不安定な状況がつづいていた。

塾長のもとで学ぶ中で、浮上の兆しが見えながらも、なかなかそれをしっかりと掴むことができない。経営的にも、精神的にも、浮き沈みをくり返していた。

——あと、少し。

その「あと、少し」のきっかけが、見つけられずにいた。

しかし、借金の返済期日は待ってくれない。

だましだまし、なんとか延命措置を取りつづけるしかなかった。

そのたびに感情のうねりが文昭さんを襲い、不安定な精神の中で、わけもわからず涙を流したり、夜中にハッと目を覚ましたり。

ぎりぎりの中、自分を懸命につなぎとめていた。

そんな文昭さんに、人生の転機がおとずれる。**たったひとつの出会いやきっかけで、人生はガラリと変わる。昨日までは想像もできなかったような劇的な変化が訪れる。**

中村文昭が、「中村文昭」になる。人生のターニングポイントだった。

ここから、文昭さんの人生が大きく動きはじめる。

転機をもたらしたのは、横井塾長である。

横井塾長は、文昭さんの話にうんうんと聞き入り、ひいひいと笑い転げて、涙を浮かべたのち、息を整えながら言った。

「おもろいなあ。きみの半生には、これからを生きていく道しるべ、幸せに生きていくヒント、何より魂を揺さぶる何かがある」

「ありがとうございます」

「なあ。文ちゃん、ちょっと講演してみいへんか」

「えっ？」

できない、という選択肢はない。やるまえから「できない」と断言できることなんて、この世にひとつだってないのだから。何だってやってみなくちゃ、わからない。

返事は、０・２秒。

――でも。

文昭さんは、話を受けるまえ、じつは一度、横井塾長の提案を断っていた。

「……ありがたいことなんですけど、僕は今、経営が大変なことになっていて、人まえで話せることなんて、何もないんです」

頭を下げたが、横井塾長は聞き入れなかった。

まっすぐな視線を返して、文昭さんの両肩を掴む。

「だからこそ、せなあかんのや」

「……えっ？」

「から元気でも、胸を張って語ったらええ。そうすることで、現実が後からついてきてくれる。**うまくいってるから、胸を張るんやない。胸を張るから、うまくいくんや**」

「……塾長」

「胸を張れ、文ちゃん。何とかなる。それが、本当の肯定思考やろ。きみの話は、もうすで充分すぎるぐらい面白い」

「……あ、ありがとうございます！」

バチン、とスイッチの入った音が聞こえた。

文昭さんは三重県へ帰るなり、バタバタとお店へ駆けこんだ。我を忘れていた。憑りつかれたように、何枚ものカードを引っ張り出して、テーブルに並べる。ずるずると借りつづけてきた、消費者金融のカードだった。

「これがあるから、甘えが出てしまうんや」

もう、頼らない。

ここで、区切りをつける。

文昭さんは、その一枚一枚にハサミを入れていった。カード一枚一枚に、自分の至らなさ、情けない気持ちがにじんでいるようだった。

知らず知らずのうちに、涙があふれてくる。

……俺はいったい、何をしてたんやろうか。

「これで、終わりにしよう」

ふと見上げると、夜空には白く、美しい月が浮かんでいた。

◆天命は、思いがけないカタチで、ちゃんと目のまえにあらわれる。

——そして、運命の日が訪れる。


「……知らない顔だな」

「どんな話をするんだろう」

そう思う人がほとんどだった。冷やかさはない。けれど間違いなく、居合わせた数十名の経営者たちは皆、見知らぬ文昭さんの登壇に戸惑っていた。

小さな会議室が、少しだけざわつく。

答えを求めるように、会の主催者である横井塾長のほうを見ても、「まあ、聞いたらわかるから」と言ってほほ笑むばかり。

「この見知らぬ男は、いったい何者なのだろう」

「本当に、どんな話をするのだろう」

そんな中、文昭さんはゆっくりとパイプ椅子へ向かう。

……緊張してるんかな、俺。

いや、緊張ではない。これは高揚だ、と思いなおす。映画がまわりはじめたときのような、静かだけどとても激しい高揚だった。そして、ほんの少しの照れくささ。

何を話すかは、決まっていない。

そもそも、講演なんてしたことがない。

でももちろん、もう後戻りはできない。経営者たちが揃って、文昭さんの顔をじっと見つめている。今か今か、と話を待っている。

文昭さんはパイプ椅子に座り、ゆっくりと顔を上げた。

同時に、母親の笑顔がひとりでに浮かび上がってくる。おかしそうに手を叩いて笑っている。つられて、こちらも笑ってしまう。

文昭さんは、母親の笑顔を思い出していた。

「笑ってほしい。もっと笑わせたい。もっともっと喜ばせたい」

子どもの頃から、ずっとそう思っていた。

東京での修行を経て、三重県で戦い、大阪へ流れついてもなお、「喜んでほしい。喜ばせたい」という混じりけのない気持ちが、心の中にあった。

文昭さんは、少しだけ笑う。

……ああ。俺は、大事なことを忘れてたんかもしれんな。

そして、目のまえに座っている人たちに、視線を向ける。

「……まさか、俺が講演することになるなんて」

師匠のことを思い出す。

思えば、いろんなことをやってきた。かっこいいことばかりではなかった。叱られることだってあった。情けなくてどうしようもなくて、恥ずかしい思いもいっぱいしてきた。

けれど、人生に無駄なことなんてひとつもない。

何のためにやっているのか、と問いつづければ、これまでの経験すべてが生きてくる。

「さあ、これから何を話そう」

文昭さんが人生ではじめて行なった、小さな会議室の、小さな小さな規模の講演会。その場に居合わせた全員が、度肝を抜かれることになる。

――ここから、伝説がはじまった。


「まあ、どうもどうも」

ずっこけそうになるぐらい、文昭さんの声は明るかった。

「質問をしていくから、僕との会話で進めていこう」

そう言ってくれた横井塾長を置いて、ひとりでしゃべりまくった。時間なんて忘れて、とにかく楽しかった。話しても話しても、言葉が尽きない。

聞いている人たちが、思いっきり笑っている。思いっきり泣いている。

……いやいや。笑いたいのも、泣きたいのも、ぜんぶ俺のほうや。


やがて。

「ありがとうございました」

話し終えて、慣れない様子でぺこりと頭を下げる。

「……」

聴衆は、度肝を抜かれていた。

一拍の間を置いた後、会場を震わせるほど、身体の芯が痺れるような拍手が巻き起こった。すごいものと出会った、という感動の拍手だった。

横井塾長も、拍手を送っている。


天命は、思いがけないカタチで、ちゃんと目のまえにあらわれる。

◆青春時代を思い出せば、いつでも「スイッチオン」した瞬間に立ち返ることができる。

講演のうわさが広まり、横井塾長のまわり、ＬＭＰ人持ち人生塾の界隈で、「中村文昭」という存在が知れわたるようになった。

さらに、文昭さんの人懐っこさが生かされていく。

すっかり横井塾長に懐《なつ》いた文昭さんは――。

「じつは、ちょうどいい具合の、泊まるところがなくて」

相談を持ちかけてみた。

すると。

「それやったら、うちに泊まりいな」

横井塾長は、おいでおいで、と笑った。

「え、いいんですか」

「もちろんや」

いとも簡単に、安宿から出ることができた。

人には、似た人が集まる。だから、自分が普段、「どう過ごしているか」だ。

与える者が、与えられる。横井塾長のもとに通って、文昭さんはそのことをひしひしと感じていた。

文昭さんはさっそく、同志、谷さんに連絡した。

「谷ちゃん、谷ちゃん」

「なんや、どうした」

「タダで泊まらせてもらえるところ、見つけたで」

「ええっ？」

「横井塾長の家や」

「え、ええっ！」

谷さんは二度、驚いた。

無料で泊まれるところが見つかっただけでも驚きなのに、それがまさか、雲のうえの存在であった、横井塾長の家だとは。驚きのあまり、言葉がなかった。

まわりが、「横井塾長」の存在感にちょっと遠慮している中、文昭さんはおかまいなし。横井塾長の少年っぽさを早々に見抜き、懐いて、「チャーミングで、ユーモラスなおじちゃん」ぐらいの感覚だった。

——事実、横井塾長は、そのとおりの人であった。


先入観を持たない。**「対等に話したい」と思うのではなく、まっすぐ「相手」を意識すれば、自然と対等なコミュニケーションになっていく。**

以来、文昭さんと谷さんは、横井塾長の家へ泊まるようになる。

はじめは、一泊だけ泊まらせてもらうつもりだった。けれど、居心地がいい。泊まる、から、入り浸る、になるまで、時間はかからなかった。

いつのまにか、部屋には文昭さんと谷さんのマイパジャマが。

さらに、そのパジャマも洗濯してもらうようになっていく。部屋の一室を、ふたりが陣取っていく。夕食も並ぶようになっていく。

もはや、同居人だった。


ちょうど、NHKのドキュメンタリー番組『プロジェクトX～挑戦者たち～』が流行していた頃、文昭さんは塾生を「挑戦者」になぞらえて、番組のナレーションを真似て遊んだ。

そして、言う。

「だってね、今こうして〈志〉を持って、〈人の役に立ちたい。喜んでもらいたい〉そう思いながら仕事をしている僕たちが出演しなきゃ、ウソでしょう」

ほろ酔いの横井塾長がうなずく。

「ほんま、そうやな」

「でしょ。ここで語り合ったことが、いずれ『プロジェクトX』で放送されるんです。〈そのとき、横井は思った〉ってね」

文昭さんの語りは、イメージがわいていく。

イメージのチカラ、想像するチカラは、あなどれない。達成した姿をリアルに思い描くことで、脳が錯覚を起こし、無意識のうちから、思考、行動が変わっていく。

目標達成への道のりが、どんどん加速していく。

いかにリアルな達成イメージを思い浮かべられるか。達成した自分はいったい、どんな一日を過ごしているのか。どんな環境で、どんな哲学を持っているのか。

また、イメージをよりリアルにするためには、五感だけではなく、自身の「感情」が欠かせない。達成した自分は、どんな感情を持っているのか。

文昭さんの語りは、一人ひとりの頭に「リアルなイメージ」を与えていくチカラを持っていた。目標達成へ近づけてくれる語りだった。

「おもろいなあ、おもろいなあ」

横井塾長が呟きながら、こっくりこっくりと舟をこぐ。

人生論、経営論。ときには、女性の話も。

とことんまで語りあい、お酒も入って、夜な夜なおおいに盛り上がった。

……なんか、また青春時代を送らせてもらってるみたいやな。

青春時代を思い出せば、いつでも「スイッチオン」した瞬間に立ち返ることができる。

やがて、うわさを聞きつけた近所の芦屋マダムたちが、「面白いから、元気になれるから、文ちゃんに会いたい」と集まるようになった。

軽トラで野菜行商をしていた、修行時代を思い出す。

マダムの心をわしづかみ、ちょっとしたアイドルになっていた。

包み隠さない。あえて、丸裸になる。どれだけありのままの自分、みっともない自分をさらけ出せるか、そこに人間力があらわれる。

月の半分ぐらいは、塾長の家にいた、という。

そんなある日。

「……長嶋監督が早朝、芦屋神社に来ているらしい」

横井塾長が言う。

長嶋監督とは、言わずもがな、読売巨人軍の「長嶋茂雄元監督」である。どうやら、遠征の際には早朝、芦屋界隈を散歩しているらしい。

しかも、散歩の折り返し地点が、横井塾長の家から近い「芦屋神社」とのこと。

「ねえ。会いに行きましょう」

文昭さんは、嬉々とした。

会いたいと思ったら、会いに行く。本能に従えば、フットワークは軽くなる。

そして本当に、長嶋監督が芦屋神社にあらわれた。

たまらず、バッ、と草むらから飛びだす文昭さん。その顔には、だれもが笑ってしまうような、満面の笑みが広がっている。カンペキに、不審者だった。

「長嶋監督！」

「はい」

驚きながらも、応対してくれた長嶋監督は、イメージどおりの長嶋監督だった。ふしぎなカタカナ用語と擬音語が入り交ざって、ほとんど会話にならない。

「んん、どうでしょう」

会話にならなくても問題ない。

人は、長所で愛されるのではない。短所があるから愛される。

長嶋監督と話して、文昭さんはそんなことを思った。

◆面白いことがあったら、はやく誰かに伝えたい。

——それは、突然だった。

あるとき、文昭さんのもとに一本の電話がかかってきた。名前が表示されていない。だれからの着信やろ、と首をかしげながら、電話に出る。

「もしもし？」

「あ、文昭さんですか。中村文昭さん」

「……そうですけど」

「カセットテープを聴いて、電話したんです」

「……テープ？」

「そうです。で、連絡先を教えてもらって。あの、めちゃめちゃ感動して、ぜひうちにも講演に来てもらえないかな、と思って」

「……え、ちょっと待って。テープ？　テープって？」

電話越しの男性が笑う。

「いやだな、文昭さんの講演テープですよ」

「……え？」

なんだ、それは。

聞けば、先日の講演音声がカセットテープにダビングされて、出まわっているらしい。

聴く人、聴く人が「これは、あの人にも聴かせてあげたいな。よし、ダビングだ」と複製に複製を重ねて、どんどん増殖している、という。初耳だった。

初耳、ということに電話越しの男性は驚いた。

「え、じゃあ、もしかして小冊子のことも？」

「……小冊子？」

「講演の音声を書き起こしたのが、小冊子として出まわっているんです。ちなみに、ぼくも手もとに三冊ぐらい持ってます」

「ええっ！」

知らないのは、当の本人ばかり。文昭さんは、しばらく呆然としていた。

いつのまにか、——世界はまわっていた。

その電話から、堰を切ったように、講演依頼が舞い込んできた。

LMP人持ち人生塾の持つ、「人とのつながり」がいかんなく発揮され、大小さまざまな企業から、団体から、学校から、いろんなところから講演依頼が入ってくる。

頼まれごとは、試されごと。

返事は、0・2秒。

「行きます！」

ふたつ返事だった。――なにより、文昭さん自身が、最高に楽しかった。


楽しんでいる人間には、だれも敵わない。


話せば話すほど、話術が磨かれていく。

普段からの細かな観察眼、自由奔放な妄想癖が合わさって、話術がどんどん豊かになっていく。**面白いことがあったら、はやく誰かに伝えたい。**

その延長線上に、講演があった。

文昭さんの語りには、どこか「懐かしさ」も宿っていた。

懐かしい匂いがする。はじめて会ったような気がしない。講演後の感想に、そんな声がいくつもあがる。自らの幼少期がよみがえってくる。

子どもの頃は、何か行動を起こすのに、あれこれ考えていなかった。「やりたきゃ、やりゃええ。それだけのこと」

純粋で、すなお。

だれもが心に持っている、子どもの頃のピュアな自分。文昭さんの語りには、それを思い出させる「きっかけ」がいくつも散りばめられていた。


そうして講演家として、どんどん羽根を伸ばしていく。


横井塾長は、文昭さんの活躍を我がことのように喜んだ。

喜んでいたが、同時に心配してもいた。——経営者は、講演家になるべきではない。そんな声があったからだ。

けれど、文昭さんはそんな心配をぶっちぎっていく。

思いっきり笑わせて、思いっきり泣かせて。

自分の語りで、目のまえにいる人たちが喜んでくれる。その輪が、どんどん広がっていく。どんどん、どんどん広がっていく。

腹を据え、泣きながら消費者金融のカードにハサミを入れたあの日から、まだ数週間しか経っていない。

文昭さんの快進撃は、止まらなかった。

その語りを支えたひとりに、角谷俊彦さん、通称すみやんの存在がある。

ＬＭＰ人持ち人生塾で、「もしかしたら、俺は角谷さんにうなずいてもらいたくて話していたのかもしれない」というほど、文昭さんにとって、大きな存在だった。

話すことだけが、存在を示す方法ではない。

むしろ、**相手を光らせるために、まっすぐ聞かせてもらうことで、自分自身が光りかがやいていく**。角谷さんは、まさにそういう人だった。

——自分の語りを、聞き方ひとつで、うまく盛り上げてくれる。

ゆえに、文昭さんの講演にも「日本一の聞き上手」として、しばしば登場する。

うんうん。

はじめは、小さな縦のうなずきから、少しずつうなずきが大きくなっていく。うんうん、うんうん。そして、もう参った、勘弁して、というふうにうなずきが横へと変化していく。

最終的には、両手を広げて、お手上げポーズ。

「わお！　文ちゃん、きみは天才や！」

感想を言いながら、バシバシ肩を叩く。

耳に頼らない、全身で聞く独自のスタイル。もちろん仕事にも生かされ、株式会社メイクの社長として、相手の要望を聞き、効果的な商店広告を制作している。

また、角谷さんは書家でもある。

そんな角谷さんに書いてもらった言葉を、文昭さんは今でも大切にしている。


「今が 一番 若い時」


さらに、文昭さんはＬＭＰ人持ち人生塾のリーダーも引き受けた。

ちなみに前リーダーは、現在、東証マザーズ上場、株式会社中村超硬の代表取締役社長、井上誠さん。文昭さんの次のリーダーは、谷ちゃんこと、谷興征さんだった。


人とのご縁で、人生が、ぶわっ、と開けていく。

まもなく、文昭さんは年間、３００回の講演をおこなう講演家になっていく。

大阪から伊勢へ戻る、近鉄電車の中。

「……俺、次は本を出版するような気がする」

文昭さんが言うと、谷さんは笑った。

「文ちゃんなら、ほんまに叶える気がしてならへんな」


思い込みは、自信となり、やがて現実となっていく。


事実、その直後に中村文昭さんは著書、『お金でなく、人のご縁ででっかく生きろ！』（サンマーク出版）を出版する。

出版においても、「出会い」が生かされていく。

NPO法人読書普及協会の理事長であり、本屋さん「読書のすすめ」店長の清水克衛さんとの出会いも、そのひとつ。

本を売るだけではない。

人に寄り添う、ちょっと変わった本屋さんを営む清水さんは、自分が面白い、と感じた本を、その感動を、「ピッタリ」と思う人に伝えていく。

その想いは、「面白いことがあったら、はやく伝えたい」という文昭さんとみごとに同じもの。本か、講演か、手段が異なるだけだった。

――本の可能性が、そこにはあった。

そんな清水さんとのご縁により、なんと、あの納税額日本一、有名な斎藤一人さんに帯文を書いてもらった。

うれしさのあまり震えた、という。

文昭さんの著書『お金でなく、人のご縁ででっかく生きろ！』は、シリーズ化され、コミック版も出て、20万部を超えるベストセラーとなった。

著書をきっかけに、活躍の場がさらに広がった。

文昭さんは、谷さんに言う。

「……努力で勝ち取ったとか、そういうものはひとつもなくて。**すべては、神様のはかりごと。**ぜんぶ、もとから決まってたんと違うかな、って思うねん」

「なるほどな。試練も、出会いもぜんぶ、神様のはかりごと」

「俺らにできることは、目のまえの人を喜ばせること、今できることを精いっぱいやること。その中で、神様から及第点が与えられて、今の役割があるんかもしれへんな」

文昭さんはつづけて言う。

「……いつか、映画にもなったらええのに」

言霊を信じずにはいられない。

平成26年に、中村文昭から紡がれたご縁の軌跡を描いた、ドキュメンタリー映画『何のために』が公開されている。

また、近鉄電車に揺られながら語り合った、盟友の谷興征さんとは、出会ってから十数年のときを経て、コラボ講演会を実現させている。

――何のために。

今ある幸せを感じる人を増やすために。
聞いてくれる人の心に、スイッチを入れるために。

文昭さんの「志」は、多くの人の心を動かしていった。

志の深化と広がり

第5章

耕せにっぽん
クロフネファーム
ご縁紡ぎ大学・子育てのこと
台湾と飛虎将軍のお神輿
そして原点へ

◆目標達成型よりも、天命追求型で生きていく。

思えば、講演家になりたかったわけではない。

いつからか、「こうしたい！」より「目のまえにいる人を喜ばせていく」と思ってきた。

それしかできなかった、と文昭さんは言う。


目のまえにいる人を喜ばせていく。

その結果、気がついたら、まわりから役割が与えられていた。


目標達成型よりも、天命追求型で生きていく。

そんなふうに思うようになっていた。


――たとえば。

企業の経営計画発表会に、講演へ行ったとき。

社長、幹部を含めた、全社員のまえで、文昭さんはあっけらかんと言う。

「……僕、経営計画って考えたことがないんです」

――えっ？

開場がざわつく。

かまわず、文昭さんはつづけていく。

「だって、一年後のゴールを決めるわけでしょ。でも決めてしまって、それだけやっておけばいい、って思った時点で、皆さんの可能性、止まりません？」

「……」

「明日、爆発的に未来が変わる出会いがあるかもしれませんよね。たったひとつの出会いによって、皆さんの可能性がめっちゃ広がっていくかもしれませんよね」

たしかに、とうなずく姿が見える。

「そっちのほうが大事だと思うんです、僕は」

事実、文昭さんはそうして、でっかく生きてきた。

講演で話す内容も、ノープラン。

お客さんのまえに立ち、表情を見ながら雰囲気を感じて、そのときにはじめて、これから話す内容を決めていく。まさに、ぶっつけ本番だった。

しかも、背のびをしない、あるがまま。ありのまま。

自然体の中村文昭で、すべての講演を進めた。**「自然体」とは、すなわち、おのずとしかり。**

それは、自然に反することだから。**計算とか、企てを考える必要はない。**

目のまえにいる人を喜ばせていく。――ただ、それだけだった。


すべてが、子どもの頃に通じているようだった。

少年時代も、「喜ばせたい」が自分の真ん中にあった。**喜んでくれたら、自分もうれしくなる。相手を喜ばせることが、自分の喜びになる。**あのときから変わらない。とてもシンプルな答えだった。

そうして、文昭さんは、「天命」に導かれていく。

◆こちらが本気にならなければ、子どもたちには伝わらない。

そのひとつが、**「耕せ にっぽん」**である。

文昭さんには、自然の中で育まれた「男の哲学」がある。

それは、――**自分のチカラで、食べものを獲ってくることのできる男こそ、本物の男である**、ということ。

ゆえに、地位にも、外見にも、惑わされない。

どれほど偉くても、どれほど裕福でも、そんなものは「人」として、何も誇るべきものではない。五感が研ぎ澄まされ、生命力に溢れているか。

――明日、地球に何か起こったとしても、大切な人を守れるか。

文昭さんは、思う。

「守ってこその、男やろ」

田舎なら、食べものを獲ってくるチカラを育むことができる。

農業が、その最たるものだった。畑を耕して、苗を植え、大切に育てて、収穫して、食べる。自然という偉大なフィールドを借りながら、食べものを手に入れる。

農業をすれば、「本物の男」がどんどん生まれていく。

――けれど。

そんな農業が、危機的状況にある。

レストラン経営者として、現場を知っている文昭さんは、農業の危機を強烈に感じていた。とくに、文昭さんが扱っていたのは、有機野菜。

栽培が難しく、手間もかかることから、有機野菜では生活が成り立たない。だから、後継者もなかなか育たない。悪循環に陥っている。

「……何とかしたいな」

そもそも、海外から安い食べものが大量に流れてきている。

それらは加工食品に使われ、スーパーに並び、知らず知らずのうちに、日本の農家さんを追い立てているのではないか。

挙げはじめたら、キリがない。


挙げはじめたら、キリがない、ということが、もうひとつあった。

——引きこもり、である。

全国各地の講演先で、文昭さんはよく、「うちの子が、引きこもっていて」という相談を受けた。「働こうとしなくて」という、ニートについての相談も、また然りであった。


放っておかれへんがな。

文昭さんは頭をぽりぽり掻きながら、その家を訪れた。

落ち着かなかったのだろう、母親は玄関まえに出て、文昭さんの到着を待っていた。おろおろして、泣きそうな表情を浮かべている。

聞けば、息子は中学生。ずっと部屋に引きこもっているらしい。

「……わたしが悪いんです」

母親が、言う。

……そんなん言うて、自分だけの逃げ道をつくってもなあ。

文昭さんはまた、ぽりぽりと頭を掻く。

「じゃあ、ちょっと失礼をば」

母親を置いて、その子の部屋に向かう。

うすい戸を閉じて、何とか自分を守ろうとしている、そんな子どもたちの切実さに毎回、文昭さんは、心をぎゅっと締めつけられたような気持ちになる。

「邪魔するで」

部屋に入ると、とうぜん子どもは、きょとん、とした。

つぎの瞬間、「俺をここから出そうとする、母親の計略か」と察したらしい。慌ててベッドの隅へ逃げて、頭から布団をかぶった。

「すまんな。となり、ちょっと失礼するで」

そう言って、文昭さんはその子のとなりに、よっこらしょ、と腰をかける。

――無言。

けれど、慌てない。

静かな時間を楽しんでから、文昭さんはぽつりと言った。

「……なあ、俺の話を聞いてくれるか」

文昭さんは、自身が無視され、いじめられていたことをはじめ、自分の半生をぽつりぽつりと語りはじめた。借金のことも、包み隠さず伝えていく。

「……人生って、おもろいな。そのときのツラかった体験を話したら、いろんな人が喜んでくれて、勉強になるって言ってくれて、こうして講演家として活動してる」

文昭さんの語り口調は、どこまでも深くて、優しい。

「**振り幅が大きいほうが、人生っていうのは、おもろいねんで。**きみはもう充分、振り幅をつくってるがな。今、こうしていることがいずれ、人生の中で効いてくる」

「……」

「**無駄な涙も、無駄な傷も、あってたまるかい。ぜんぶ、未来のきみを励まし、支えてくれるものになるんやから**」

「……そ、そうかな」

かすれる声で、その子が言う。

その子が発した、はじめての言葉だった。

それから、ぽつぽつと会話を交わしていく。他愛もない話だった。けれど、彼が求めていたのは、そういう他愛もない話だった。

真正面から子どもと向き合うこと。

こちらが本気にならなければ、子どもたちには伝わらない。


——わたしが、悪いんです。

母親のその言葉は、子どもにベクトルが向いていなかった。「許してもらおう」と、自分にベクトルが向いていた。

子どもはたぶん、そういう母親の気持ちを見抜いている。

だから、文昭さんはやや厳しくなろうとも、ごまかすことなく母親に伝えるようにしていた。子どもの「心」から逃げてどないするんですか、と。

全国各地、親からの依頼に応えていく。

たくさんの子どもと関わっていく中で、文昭さんはふと気がついた。

「……引きこもりの子どもたちって、もしかして農業と相性がええんちゃうかな」

家庭や学校でいろいろあって、べつに引きこもりたかったわけじゃないのに、引きこもりになった。ただ、外へ出るきっかけを求めていただけの子ども。

人との関わり、向き合ってくれる存在を求めていた子ども。

引きこもりだけじゃない。ニートだって、そう。

文昭さんは、そういう子どもたちをたくさん見てきた。

そこへ、「農業」というきっかけを与えられたら。「農業」を通じて、ともに汗を流す仲間ができたなら。日本の農業、引きこもり、ふたつの社会問題が一気に解決するのではないか。

自然は、子どもであろうと容赦しない。

そのかわり、とことんまで向き合ってくれる。

引きこもりの子どもたちが、「本物の男」へと、生まれ変わっていく。

――「耕せ にっぽん」、誕生の瞬間であった。

◆本気は、一瞬で生まれる。

「耕せ にっぽん」は、北の大地、北海道ではじまった。

その景色に、だれもが息をのむ。

吸い込まれそうになるぐらい、美しい緑。空は青く、どこまでも広がり、はるか向こうには地平線が見える。さえぎるものはなく、たじろぐほどの広大さだった。

物語、という道をつけるにふさわしいところ。

前例がなく、うまくいく保証はない。

けれど、圧倒的な自然をまえに、文昭さんは確信した。

——いける。

ここならきっと、若者たちの不安を取りのぞいてあげられる。

更生とか、教育とか、難しいことはわからない。でもここなら、みんなが感じている生きにくさみたいなものは突破できるんじゃないか。

うまくとか、賢くとか、嫌われないようにとか、考えなくていい。
米があって、食べものをつくって、ないものもつくって、地域の人たちと物々交換をして、そうしてシンプルで強い「生きる」ということが浮かび上がってくる。

いのちを感じながら生きられるのが、本当の豊かさ。
いのちを近くに感じるから、心から感謝することができる。

しかし、と文昭さんは思う。
そのためには、ここ北海道で、本気で「耕せ　にっぽん」をやり抜く人が必要だった。
残念ながら、全国を飛びまわっている自分ではどうしても務まらない。

自分で開けられない扉があってもいい。
だれかとの出会いによって、その扉はカンタンに開かれるから。

北海道で行われた講演会の休憩中。
文昭さんは、喫煙室でひとりの男性と出会う。

「友だちに連れられてきたんですけど、頭を、ガーン、とハンマーで殴られたぐらい、衝撃的で、ええ講演会でした。ありがとうございました」

言いながら、名刺交換をする。

――東野昭彦。

文昭さんは、社名を眺めて、尋ねた。

「……この、ＳＩＤプランのＳＩＤっていうのは？」

「ああ、それですか。それはですね、僕、もともと関西出身なんですけど、舐められたらあかんと思って。〈札幌、言わしたる、大計画〉の略ですねん」

言わしたる、とは関西弁で、やっつける、相手を参らせる、という意味。まるで意味ありげで、意識の高そうな「ＳＩＤ」が、まさかゴリゴリの関西弁の略だとは。

……めっちゃおもろいやん。

講演会後の懇親会でも、すっかり意気投合。

ものまねをどんどん披露して、まわりを明るく巻き込んでいく。

明るい人は、まわりを照らす。まわりを照らして、その光で、ますます自分が輝いていく。東野さんは、まさにそういう人だった。

……この人しかおらん。

文昭さんは、企画段階だった「耕せ　にっぽん」のことを余すところなく伝え、東野さんの肩を、ガッと強くつかんだ。そして熱をこめて言う。

「やってもらえへんか」

「えっ？」

運命とは、いのちを運ぶ、と書く。

人は求められている場所へ、おのずといのちが運ばれていく。

スイッチの入る音が聞こえた。東野さんの瞳の色が、変わった。

「やります。やるからには、本気でやらんと。文昭さんの言う〈耕せ　にっぽん〉に、自分の人生を賭けます」

本気は、一瞬で生まれる。

そして、「札幌、言わしたる、大計画」の名を持つ会社をたたんで、新たに、農業生産法人「耕せ　にっぽん」を設立。代表取締役社長に就任した。

◆絶対に、生きている意味は見つかる。

もうひとり、「耕せ にっぽん」をするうえで、どうしてもお願いしたい女性がいた。

当時、大分県に住んでいたその女性に会いたくて、文昭さんはことあるごとに、その女性のもとを訪れている。文昭さんは、彼女のファンだった。

彼女こそ、「耕せ にっぽん」の寮母であり、マドンナの肥川真理子さん。

先天性の脳性まひをもち、思うように動かない身体と言葉ながら、ひとつひとつ時間をかけて丁寧につくられる料理は、どれも心を動かす絶品ばかり。料理の天才だった。

「真理ちゃんにどうしても手伝ってもらいたいんや」

文昭さんの願いだった。

しかし、難色を示す人たちが少なからずいたらしい。

「文昭さん。それもええけど、引きこもり、ニートの子たちの居場所なんやろ。じゃあ、心理カウンセラーとか、看護師とかを置いたほうがええんと違うか」

「……」

言われるたびに、文昭さんは首を振った。

「あの子たちに必要なんは、これまでと同じような〈ぬるま湯〉やない。心にスイッチを入れてあげること。それができるのは、真理ちゃんなんや」

真理ちゃん、――肥川さんなら、「頑張れ」と言わずとも、みんなの心にスイッチを入れることができる。きっと言葉以上に、感じてもらうことができる。

肥川さんは生まれてすぐ、医者から「二十歳までの生存確率はゼロだと思います」と言われている。けれど現在、その倍以上、生きている。

「食べるもののおかげで、ここまで生きることができたんよ」

肥川さんは、声を詰まらせながら言う。

彼女を育てるうえで、両親には確固たる信念があった。

身体をつくったり、治したりするものは、薬ではない。
日々の食べものである。人間の身体は、食べたものでつくられている。

そうして、両親は「食べるもの」で肥川さんを育てた。そのため、肥川さんはだれよりも食べものの「ありがたみ」を知っていた。

文昭さんは、頭を下げた。

「……真理ちゃん。北海道で、引きこもりの子とか、ニートの子たちに、料理をつくってもらわれへんやろか」

——行く。

即答だった。

「わたし、行く。**わたしの障がいが重ければ重いほど、みんなの心にスイッチが入るなら、わたし、みんなに何でも見せる**」

肥川さんはつづける。

「わたしは産声もあげずに生まれた。家族が喜ぶはずの出産で、きっとみんな、わたしを見てうなだれたと思う」

「……」

文昭さんは、じっと肥川さんの話に耳を傾けている。

「迷惑をかける人生だと思ってた。でも、両親はそうは思わなかった。そんなことまったく思わなかった。〈真理子は普通なんよ〉と言って、まわりと変わらず育ててくれた」

――ねえ、文昭さん。

「ん？」

「そうして二十歳まで生きられないと言われていたわたしが、これまで生きてこられたのは、なにか意味があるから、と思ってたんよ。今日、文昭さんに声をかけてもらって、その生きている意味がわかった」

絶対に、生きている意味は見つかる。

「もし、北海道でわたしの身になにかあったとしても、じたばたしないで。北海道でそのまま、わたしの身も骨も、〈耕せ にっぽん〉の肥料にしてくれたらいいから」

肥川さんの覚悟は決まっていた。

「……ありがとう」

「耕せ　にっぽん」の寮母、料理人として、肥川さんは毎朝三時ぐらいから支度に取りかかる。思うように動かない手で、それでもひとつひとつ丁寧に料理をつくっていく。

――すると。

「……おれも手伝うわ」

「何か、できることないかな」

ひとり、またひとり、と肥川さんを手伝うため、厨房に集まってくる。

肥川さんという大きな存在が、元引きこもり、元ニートの子たちの心にスイッチを入れていった。そんな肥川さんは今、第一線を退き、会長と慕われています。

◆「安心しろ、絶対におまえを裏切ったり、嘘ついたりしないから」

――文昭さんには、たったひとり、弟子がいる。

「弟子にしてください」

控室に声が響いた。

目のまえで、突然の土下座。さすがの文昭さんもぎょっとした。大きな体躯の坊主頭、鋭くもくもりのない、優しい眼。圧倒的な存在感を放つ、土下座だった。

文昭さんはぽりぽりと頭を掻きながら笑う。

「ごめんなあ。弟子とかそういうなんは苦手やねん」

「そこを何とか」

男は土下座のまま、動かない。

弟子にしてください、と言われたのは、はじめてではない。講演家になってから、ちらほらと「弟子にしてください」と言われてきた。

けれど自分は、同じ場所で働いていた東京の師匠とは違う。

講演家として全国各地を転々としている。交通費だって宿泊費だって、正直なところかなりかかっている。そのぜんぶを自腹で払ってもらわなければ、行動をともにできない。

そう伝えると、男は、バッ、と顔をあげた。

「え、ずっと一緒にいられるってことですか」

眼がキラキラと輝いている。

……えっ？

予想外の反応だった。

どうやら、自腹で払うつもりらしい。

聞けば、文昭さんのもとで損得勘定が働かないよう、弟子として素直に文昭さんのもとで学べるよう、そのために自分の事業を大きくしてきた、という。

筋が通っている。

筋を通せば、信頼される。

——めちゃめちゃ、おもろいやん。

文昭さんは、パチン、と手を叩いた。

「よっしゃ。きみは今日から俺の弟子や。言うても、付き人みたいになる必要はない。会えるときに会って、めし食ったりしようや」

「ありがとうございます」


——その男、氷室優。通称、フランキー。

愛知県で住宅解体を中心に事業展開している、株式会社氷室建設の代表取締役。氷室さんに惹かれて集まったスタッフは、その多くが前科持ち。

悪いことをしてきた。

けれどみんな、生まれながらにして、そうだったわけではない。

そこには理由がある。親に捨てられた。虐待を受けた。そうして、「自分なんかいないほうがよかったんだ」と、救いのない中、ずっと助けを求めていた。

なかったことにはならないかもしれない。

しかし、この世に「生」を受けている以上、生きている理由が必ずある。——何のために生きているのか。どう生きていくのか。いつまでも過去に縛られている場合ではない。

現在は、解体業を営みながら、引きこもりの子どもたちに「本来の自分」を取り戻してもらう粋塾愛知本校、塾頭としても活動している。

氷室さんは優しい男だった。

——たとえば、とある少年の話。

その少年が、小学校低学年のときに、両親が離婚。

以来、ずっと母親と一緒に暮らしていたが、中学に上がったぐらいから、母親と言い争うことが増え、おたがい、ぎくしゃくしはじめた。

どんどん関係が悪化していく。

その一方で、父親ともたまに会っていた。

「なあ。母さんとうまくいっていないんだろ。俺と一緒に住むのがイヤじゃなけりゃ、俺のところに来てもかまわないぞ」

優しい言葉をかけ、何度も「俺のところに来るか？」と誘ってくれていた。

……やっぱり、父さんのほうがいいんかな。

少年の心が揺れた。

そして悩んだ末に、少年は意を決して、父親に告げた。

「……俺、お父さんのほうに行きたい」

しかし――。

あれだけ誘ってくれていた父親が、急にいろんな言いわけを並べはじめた。あからさまに困った表情を浮かべながら、一緒に住むことを拒みつづける。

……えっ？

少年には、理解できない。父は、裏切ったのだ。

「……」

言葉が出ない。少年はそのとき、強烈に思ったという。

じゃあ、はじめから期待させんなよ。なんだよ、そのときだけ格好つけるような言い方すんな。ぜんぶ嘘じゃねえかよ。はじめからぜんぶ嘘だったんじゃねえかよ。

とたんに、父親のことがイヤでたまらなくなった。

その怒りとか、哀しみとか、ぐちゃぐちゃになった感情が行き場を失う。いつしか少年は万引きや暴力事件などの問題を起こすようになっていった。

学校には、もう――行かなくなっていた。

そんな少年に、氷室さんが言う。

「おまえ、親父に捨てられたと思ってるだろ」

「……うん」

「でもな、**捨てるやつがいれば、拾う神もいる。俺はおまえの味方じゃ。史上最強のおまえの味方じゃ。安心しろ、絶対におまえを裏切ったり、嘘ついたりしないから**」

ズバッ、と言ってのけた。

そして、ふわっと少年を抱きしめる。

少年の眼から、我慢していた涙がぼろぼろと溢れてきた。

これこそ、今のリーダーに求められる言葉だった。飾る必要はない。ど真ん中、ど直球の言葉。それをみんな、待っている。

いろんな理屈をこねくりまわして、言葉をすり替えて、責任から逃れて。

そうじゃない。

「俺に任せろ」

その、たった一言なのだ。

氷室さんは厳しいが、本物の愛情を知っている。東京の師匠と重なって見える。東京の師匠を見ているようだった。

◆人を信じることに、条件なんていらない。

目のまえにいる人を喜ばせていく。

救いを求めている人がいたら、放っておけない。

ゆえに、活動が多岐にわたってしまい、バラバラに見えて、「文昭さんって、何をしている人なのだろう」と思われがちである。

けれど、文昭さんの中では、すべてがつながっている。

幸せを感じる人を増やしていく。

一本の筋が通っていた。就労支援持続A型施設事業所でもある、ビュッフェレストラン「クロフネファーム」もそのうちのひとつである。

身体をつくったり、治したりするものは、薬ではない。

日々の食べものである。人間の身体は、食べたものでつくられている。

「耕せ にっぽん」の寮母、先天性脳性まひの肥川真理子さんの言葉が、名前のとおり、まさしく「真理」だった。

ちなみに、「子」という漢字は、「子ども」という意味もあるが、「一」と「了」、すなわち最初から最後まで、首尾一貫して、という意味がある。

食べたもので、身体がつくられ、やがて心に作用していく。

首尾一貫した真理が、そこにはあった。

事実、「耕せ にっぽん」にいる若者たちは、愛情を注いで育てた野菜によって、また愛情を注いでひとつひとつ丁寧につくられた肥川さんの料理によって、大きく変わっていった。

それを間近で見てきた文昭さんは、仙台のとあるレストランと出会う。

——自然派ビュッフェレストラン「六丁目農園」である。

衝撃だった。

まさに、自然派。カタチが悪い、というだけで捨てられていた野菜たちを使い、いろどり鮮やかな料理を提供していく。地元の無農薬野菜も販売している。

しかも、スタッフの大半が、障がい者。みんな、楽しそうに調理、配膳をしている。

それだけではない。

東日本大震災のとき、津波がすぐそこまで迫ってきた場所でもある。オープンして、わずか四ヶ月のことだった。全員で、必死に炊き出しをおこなった、という。


……こんなところがあるなんて。


「これは、伊勢でもやらなあかんやろ」

文昭さんに、スイッチが入った。就労支援持続A型施設事業所でもある、ビュッフェレストラン「クロフネファーム」のきっかけである。

正直なところ、もう飲食店をするつもりはなかった。人の問題、お金の問題、自身の経験もあって、飲食店の経営がいかに難しいか、身がすり切れるほどに学んできた。

だから、レストランはもう絶対にしない。そう決めていた。

——でも。

心が叫んでいた。俺がせな、だれがするんや。

「日本を今一度せんたくいたし申候」

激動の幕末に、使命感に燃えた坂本龍馬のようであった。

ただ、経営してくれる人がいない。

文昭さんは講演で全国を飛びまわっていて、現場にはいられない。無責任みたいなことになってしまうことはどうしても避けたかった。

……だれか、適任者がいればなあ。

土地を買って、レストランを建てて、設備も入れる。その額、一億五千万。

文昭さんが借金をして、だれかに経営してもらう。たぶん、文昭さんが生きているあいだに返済することはできないだろう。——それでもいい。

お金じゃない。その人が、信頼の置ける人ならば。


やがて文昭さんは、ひとりの男にすべてを託す決断をする。

文昭さんのマネージャーだった、――案浦豊士、通称あんちゃん、である。文昭さんは思った。あんちゃんなら、一億五千万をかけてもいい。

「あんちゃんにやってもらおう」

そう思う、できごとがあった。


数人の仲間うちで開催している、ゴルフ合宿のとき。

ゴルフはもちろんのこと。一棟貸しのバンガローで開かれる、夜のどうしようもないバカ騒ぎも、楽しみのひとつだった。とうぜん、全員がべろべろに酔っ払う。

あまりに楽しかったらしい。そのうちのひとりが、こらえ切れなくなって吐きはじめた。

まわりは、酔いがまわって「汚すな、汚すな」とやいのやいの言っている。

けれど、案浦さんだけはその人の背中をさすっていた、という。

「放っとけ、あんちゃん」

だれかが言っても、

「だって、可哀そうじゃないですか」

そう答えて、ずっとさすっている。

それどころか、なかなか吐き切れないその人の口に、迷わず自分の指を入れて、吐けるよう優しく促している。


さらに、その人のお尻から、老廃物があらわれた。

バンガローに、においが充満していく。

「あかん、窓を開けろ」

「なんじゃ、このにおいは」

みんな、酔いが覚めるほど、半狂乱になっている中、案浦さんはひとり、黙々とその人のお尻をきれいに拭いていた。

後処理も、すべて案浦さんがひとりで進めていく。


やがてなんとか落ち着いて、みんなが寝静まっていく。

夜が更けていく。

そんな中、ふと文昭さんは目を覚ました。肌寒いな、何て思っていると、暗がりの中、案浦さんがまだ、その人のことを見守っていた。

……おいおい、ずっと起きてたんか。

心配だったらしく、立ったまま、その人の様子を見つめている。

その姿を見て、文昭さんは決めた。

——あんちゃんに、経営をしてもらおう。

障がいのある子たちがどんな状況にあっても、最後の最後まで見守ってくれる。そんなあんちゃんの人間性は、訓練でどうにかなるものじゃない。


翌朝、文昭さんは案浦さんに伝えた。

「一億五千万、あんちゃんに賭けるわ」

「……えっ？」

「経営、やってみいへんか。応援はとことんしたるから」

「……ほんと、ですか」

「当たり前や」

案浦さんだけでなく、まわりも目をまるくしている。粗相をした男性は二日酔いで、まだ何のことだかわかっていない。

案浦さんの背すじがのびた。

「やります。僕、やります」

さすが、文昭さんのマネージャー。頼まれごとは、試されごと。返事は、0・2秒。身体に染み付いていて、そこに迷いはなかった。

「任せたで」

「……で、でも。どうして僕に？　きっかけは？」

尋ねる案浦さんに、文昭さんは笑った。

「ケツを拭いたのが、きっかけやな」

「……ケツ？」

「そう、ケツや」

一億五千万円を預けるきっかけは、中年男性のお尻の世話。ウェットティッシュできれいに拭いた、あのお尻の世話だった。


人を信じることに、条件なんていらない。

そうして現在、案浦さんは三重県伊勢市で、障がいのある方たちにもいきいきと働いてもらえる、ビュッフェレストラン「クロフネファーム」の代表取締役を務めている。

そこは、「やさしさ」に包まれた空間。

肥川さんの想いを大切にしながら、お客さん、スタッフ同士はもちろん、身体にも、環境にも、「やさしい」ビュッフェレストランをみんなでつくりあげている。

◆ムリと言われるから、終わるのではない。ムリと言われるから、はじめるのだ。

活動のひとつに、「ご縁紡《つむ》ぎ大学」もある。


あえて、考えない。心で反応する。

どれも東京の師匠に教えてもらったことだった。

「頭で返事をするな。身体で返事をしろ」

いろいろ考えて、損得勘定が働きはじめると、むしろ可能性が狭まってしまう。まっすぐ人と向き合えなくなってしまう。これまでの経験から、文昭さんは知っていた。

自分の軸は、なるべくシンプルに。

ほかは、考えすぎないようにすること。

たくさんの人たちと接する中で、「もしかしたら、今の人たちは考えすぎているんかもしれへんな」と思うことがしばしばあった。

今は、情報に溢れている。

その情報に縛られて、自分自身が思ったことや感じたことが抑えられてしまう。自分よりも、出どころのわからない情報に自分の人生をゆだねてしまう。

本来、持っているはずの「自由さ」が失われている。

……いやいや。やってみなくちゃ、わからないだろう。できるかどうかなんて、やった人間にしか、わからないのだから。そのまま、なにもしないなんてもったいない。

——本来、だれもが持っている「自由さ」を解放できる場を。

そんな想いから、「ご縁紡ぎ大学」を立ち上げた。

しがらみの中で囲いつづけてきた、「自分自身」を解き放つことのできる場所。まる裸の「自分自身」があらわれるのを、仲間たちが待っている場所。

溢れる情報の中では、つくれない。

出会いを通して、自分に出会う場所だった。


「俺が主催したい」

「私が主催したい」

塾長である文昭さんを置いて、元生徒たちがどんどん「主催者になりたい」と名のりをあげ、「ご縁紡ぎ大学」を企画していく。

そうして現在は、全国各地に「ご縁紡ぎ大学」がある。


――たとえば、「ご縁紡ぎ大学」で起こること。


仙台に、まこちゃんという女子高生がいる。

フロリダにある「ウォルトディズニーワールドリゾート」で働きたい、という夢を持つ素直な女子高生。――けれど。

「ムリムリ。絶対にムリだって」

まわりから笑われ、そう言われてきた。

そんな中で、「ご縁紡ぎ大学」の仙台校を訪れた。

「……中村さん。わたし、アメリカに行きたいんです。でも、英語に自信がなくて」

文昭さんは首を振る。

「いやいや。学校に行ってても、英語はしゃべれるようにならへんからなあ。だって日本って六年間も英語の授業を受けてるけど、しゃべれるようになった人っておらんやろ」

「……確かに」

「あれは、テストのための勉強やから」

「……うん」

「本気ならひとまず高校を卒業して、鹿児島にｉＢＳ外語学院っていうところがあるから行ってみたら？」

「ｉＢＳ外語学院、ですか？」

「英語を学ぶだけやなくて、日本人の精神性とか、日本人としての誇りとか、そういうことも学べるところ。世界に出たとき、日本人として英語が話せるようになるところやから」

「そんなところがあるんですか」

結果、まこちゃんは高校卒業後、鹿児島へ。

一年後、英語ぺらぺらになって、戻ってきた。

しかも、その英語スピーチが群を抜いていた。

まこちゃんの母親は、石巻市出身。東日本大震災で、被災している。

――そのとき、南三陸で起こったこと。

経験したこともないような大地震の後、津波が迫る中、最後の最後まで「避難してください、避難してください！」と叫びつづけて、津波にのまれた、ある女の子の話。

それをすべて、まこちゃんは英語でスピーチをおこなった。

「津波が来ます、津波が来ます！　皆さん、高いところへ逃げてください。高いところへ。お願いですから、早く逃げてください！」

叫びつづけたその子は、結婚を控えていた。

ウェディングドレスの試着も終わっていて。

家族との最後の会話とか、彼女の背景とか、まこちゃんひとりで取材に行って、聞いたことを余すことなく英語で伝えた。

「……あの震災を、絶対に風化させてはいけない。わたしは、世界に彼女のことを伝えるために、英語を学びました」

そう締めくくる。およそ十五分。見事だった。自然と鳥肌が立ってくる。気がつけば、会場全員が涙を流していた。


そうして英語の実力をつけたまこちゃん。

しかし。

「……ディズニーで働くのは、難しいって言われるから」

変わらず弱気のままだった。

そんなときに、文昭さんが伝えることは、ひとつ。

「まこちゃんに向かって、ムリって言うやつは、それをやったことのあるやつなん？　違うんやったら、やったことのあるやつに会いに行ったほうがええよ」

実践した人間には、絶対に敵わない。

だから、相談を持ちかけるときには、それを成し遂げた人、チャレンジした人。経験を持つ人に相談するべき。

「俺、フロリダのディズニーで働いていた友だちを知ってるから。今はたしか、日本に帰ってきてるはず。段取りしてあげるから会っておいで」

「ありがとうございます」

まこちゃんは早速、文昭さんの友だちへ会いに行った。

その後、文昭さんの友だちが言うには。

「まこちゃん。すごい表現力を持っているんで、びっくりしました。あの子なら絶対に大丈夫です。四回テストがあるんですけど、コツも伝えておいたんで」

「ありがとうな」


——そして。

まこちゃんは四回のテストを、すべてパス。

夢を叶え、フロリダに旅立った。


彼女はフロリダで、別世界を味わってくる。

どうせわたしなんて。どうせできないから。環境が悪いから。

あきらめの世界に、もう彼女はいない。

世の中には、可能性を自分で押さえつけている人たちがたくさんいる。だれにもわからないはずの未来を、まわりから「ムリだって」と言われて、あきらめてしまう人たちがいる。

ムリと言われるから、終わるのではない。

ムリと言われるから、はじめるのだ。

飛行機は、向かい風をつくってこそ、はじめて空へ舞い上がる。

文昭さんはそんな風に、「どうせわたしなんて」と思っている人たちの心に、少しだけ火を灯していく。

せっかく相談してくれたのだから、「なにかしてあげたい」と思う。

「最後の最後、どうしようもなくなったら、俺のところに来たらええから」

それでも文昭さんにできないことだってある。

そんなとき、「フォローしますよ」と言ってくれる仲間たちがいる。それが全国各地にいる「ご縁紡ぎ大学」の仲間たちだった。

◆親が動いたとき、はじめて子どもの心が動く。

文昭さんには、三人の息子がいる。

子育てについても、「文昭さんらしさ」があった。

「履きものだけは揃えられる子どもにしたいな」

夫婦で話し合った文昭さん。そのときに、思ったことがある。それは、――「履きものを揃えろ」と言わずに揃えないと意味がない、ということ。

親から言われてやっても、おそらく長続きしない。

その場しのぎではなく、自分の中に落とし込めている。身を美しくする、と書く「躾」とは本来、そういうものだと思う。


そのために、文昭さん夫婦が実践したこと。

脱ぎ散らした履きものを、文昭さん夫婦が揃える、ということだった。

そして、子どもたちが次に履くものは絶対に、文昭さん夫婦が揃えた履きものしか履かせない。親が揃え、もちろん親も靴を揃える。

揃っている靴しか見たことのない環境にしていく。

――すると、いつのまにか。

子どもたちは、自主的に靴を揃えはじめた。文昭さん夫婦は、ひと言も言っていない。揃っていないと、気持ち悪い、と子どもたちが感じるようになった、という。


挨拶も、同様だった。

文昭さんがまず「おはよう」と挨拶をしていく。

親がすれば、自然と子どももするようになる。「あれをしろ。これをしろ」では、子どもたちの心は動かない。**親が動いたとき、はじめて子どもの心が動くのだ。**


子どもは、親を見ている。


「はあ、疲れた」

仕事から帰ってくるたび、父親がこぼす言葉を、子どもたちはちゃんと聞いている。

「はあ、疲れた」というため息を、何度も何度も耳にした子どもたちは、やがて思う。

「大人になるって、最悪やな」

……そんな悲しいことがあるかよ。

文昭さんは思う。

習いごとをたくさんしているから。はやくから塾に行かせているから。

そんなことよりも、「大人って、面白そう。かっこいい。はやく大人になりたい」って、夢と希望に充ち溢れている子どもでいられることのほうが、きっと大切に違いない。

だから、親が楽しむこと。笑顔でいること。

だって、家庭は、その人の「まごころ」をつくるところだから。

セミナーとか、教科書とか、いろんなハウツーがあるけれど、もっともベースとなる「まごころ」は、家庭でしかつくれない。


子どもたちのスイッチが入るのは——。

「お父さんみたいになりたい」

「お母さんみたいになりたい」

そう思った瞬間である。


文昭さんの子育ては、さらに「文昭さんらしさ」を見せていく。

——あるとき。

文昭さんは、息子三人を呼んだ。そして、ゆっくりと話しはじめる。

おまえらが、十五歳の誕生日を迎えたとき。

昔で言う、元服やな。大人扱いされる元服を迎えたとき、お父さんな、おまえらにそれぞれ、現金で300万をプレゼントしようと思ってるんや。

でもな、その300万が最後で、お父さんはその後、おまえたちにビタ一文もやらんと思うわ。まあ、親子の手切れ金みたいに思ってくれたらええから。

子どもたちは、「どういうこと?」と首を傾げている。

無理もない。文昭さんは話をつづけた。

大きく分けたら、とくにおまえたち、男の子の人生を大きく分けたら、だいたい三パターンなん違うかなって。

お勤め人、サラリーマンとして生きる人生か。

職人として生きる人生か。

経営者として生きる人生か。

自分が、そのうちのどれで生きていくのか、今からイメージしとくことやぞ。

サラリーマンになりたかったら、学歴がいるやろ。その３００万で、高校に進学したらええ。今から必死に勉強して、公立高校に受かったら、３００万あれば、充分通える。高校でもさらに、本気で勉強して、ちょっとアルバイトすれば、国立大学にだって進学できるやろ。

だらだら過ごすだけの高校三年間やなくて、「何のために」高校へ行くのか。どんなサラリーマンになりたいのか、つねに問いつづけること。

職人は、腕ひとつで生きていく。腕を磨いて、磨いて、「おまえじゃないと」と言われるようになったら、一生食べていけるから。

本気で職人になりたいなら、無理に高校なんて行かんでもええ。学歴とかよりも一流の職人になるために必要なんは、「素直さ」なんよ。

親方から言われたことを、「０・２秒で、ハイッと返事をする」素直さ。

高卒の十八歳よりも、中卒の十五歳のほうが、「素直さ」の質がぜんぜん違うから。そんなときに、高校でだらだら過ごしたら、多大な損失になってしまう。

その300万のお金を少しずつ崩しながら、生活費に充てて、300万がなくなるまでに、一流の職人になれるよう、一所懸命に努力すること。

経営者になるには、学歴も何もいらん。たったひとつ「人間力」や。みんなから愛される「人間力」や。「あんたが大好きやから」「あんたのファンやから」とそう言ってもらえる人間になること。そのための道は、ひとつやない。経営者になりたかったら、お父さんも一緒になって考えるから。

サラリーマンになるも良し。職人になるも良し。経営者になるも良し。


話し終えると、とたんに子どもたちの眼に、夢と不安の色が宿った。

「どうしよう。俺、その300万をどう使おう」

「お父さんみたいな経営者もええなあ」

文昭さんは子どもたちに「これをしろ。あれをしろ」とは言っていない。300万円を渡して、子どもたちに思いっきり、夢も不安も描かせただけ。

何のために、をはっきりさせただけだった。

◆助けたい、と思う気持ちは、その人の強さである。

文昭さんの活動は、世代を超え、国内にも留まらなかった。

きっかけは――。

二〇一一年三月十一日、東日本大震災。

未曽有の災害は、海外でも大々的に報道された。

情報が全世界を駆けめぐる中、どの国よりも早く、「行動」に出た国があった。多額の義援金を届けてくれた国でもある。

――台湾。

中には、「自分にできること」を考え抜き、たったひとり、リュックにありったけの札束を詰め込んで、避難所を訪れた台湾の方もいるという。

「いても立ってもいられなかった」

その人は、そう言った。

助けたい、と思う気持ちは、その人の強さである。


――どうして、台湾の人たちはそこまでしてくれるのだろう。

親日であることは知っていた。……でも、何で親日なんやろう。


文昭さんの素朴な疑問に答えてくれたのが、白駒妃登美さん。

日本人が、理想と心の価値、そして民族の誇りを取り戻すために、講演活動をおこなっている株式会社ことほぎの代表取締役であり、「博多の歴女」。

造詣の深い白駒さんが教えてくれた。


台湾の歴史は、長く植民地の歴史であった。

それ故に、統治国が変わるたび、いつもその国に従うほかなかった、という。そんな中で日本による台湾の統治がはじまった。

――しかし。

日本による統治は、これまでとまるで違った。

そこには、台湾の人たちの自主性を重んじる、という考えがあった。台湾の人たちの自主性をより一層育むため、日本はまず「教育」を施していく。

支配ではなく、教育だった。

つぎに、ダム建設に着手した。

もともと台湾は、農業には不向きな土地である。とくに南部は、水不足に陥りやすく、安定的な食料の確保が難しい。そんな土地に、まんべんなく水を行きわたらせたい。

日本は、ダム建設に動きはじめた。

その責任者が、――八田與一さんである。

この方を多くの日本人は知らない、しかし、台湾では教科書でも詳しく紹介されている。

さらに、「八田與一記念公園」も建設されている。

八田與一さんが手がけた「烏山頭ダム」は、通称「八田ダム」とも呼ばれ、当時、世界最大のダムであった。

ダムから延びた用水路の総延長は当時、日本一と言われた愛知用水の120㎞に対して、なんと16,000㎞。ほとんど地球半周に迫る長さだった。

それにより、広大な台湾南部の土地は、肥沃な農地へと生まれ変わった。

今もダムの近くに、八田さんのお墓と銅像がある。

威風堂々と立っている銅像ではない。

自分ひとりでは何もできなかった。台湾の人たちにもたくさん助けてもらった。偉そうに立つことなんてできない、と銅像の建設を拒みつづけたらしい。

その結果、作業着姿で腰をおろしている銅像となった。今でも多くの台湾の人たちから感謝され、慰霊祭もおこなわれている。

台湾の人たちのために。

――だれかのために。

八田與一さんは、本当の意味で「日本人」であった。


白駒さんから教えてもらって、文昭さんの心が震えた。


本来の日本人らしさ、日本人としての誇りを知るヒントが、台湾にはある。

いても立ってもいられない。

文昭さんは、白駒さんに言った。

「……ねえ、一緒に台湾へ行きませんか?」

正直、恥をかくことになるかもしれない。今の日本人は、台湾の人たちが知る日本人ではないかもしれない。

……それでも。

先人たちが持っていた「日本人の志」が知りたい。こんな時代だからこそ、知らなければならない。文昭さんは、丹田にチカラを込めた。

◆「まるで日本人のようですね」というほめ言葉。リップンチェンシン(日本精神)。

「台湾へ行こう。中でも観光地の台北ではなく、親日と言われる台南に足をのばそう」

文昭さんが声をあげると、すぐに50名が集まった。

台湾を案内してくれたのは、ふたり。片倉佳史さんと李久惟(リ・ジョー)さん。

片倉さんは、台湾でもとても有名な日本人である。

長く台湾に住みながら、台湾の歴史、遺産など取材をたくさん重ね、日本と台湾の架け橋となる、多くの著書を記してきた。

李さんは、台湾の方。子どもの頃から、祖父、祖母に「日本の精神」をたくさん聞いて育ち、そのことを世界に伝えたい、と日本に留学もしている。

しかも、15ヶ国語のマルチリンガル。通訳翻訳者としても活躍している。


片倉さん、李さんに案内されて、台湾を行く。

驚いたのは、町なかで頻繁に「日本人かな」と話しかけられることだった。

そうです、と答えると、台湾の人たちはみな揃って、旧友に出会ったように、顔をほころばせた。よく来てくれた、よく来てくれた、と握手を求めてくれる。

そんな中で。

「日本人ですかな」

ひとりのお婆さんに声をかけられた。

うす暗い路地の一角。屋台のような小屋に、そのお婆さんはちょこんと座っていた。小さな商店であるらしく、いろんなものが並べてある。

観光地によくある、観光客を相手にした怪しげな商店のようだった。

……何か買わされるん違うやろか。

さすがの文昭さんも警戒する。

「……そうです、日本人ですけど」

文昭さんが答えると。

「茶を飲んでいってほしい」

お婆さんは言った。

台湾といえば、台湾茶が有名である。もしかして、高級な台湾茶を売る気なんかな。ますます、文昭さんは警戒心を強めた。そして、断ってしまおう、と頭を下げる。

「……ごめんなさい。時間がないんです」

けれどお婆さんは引き下がらない。

「あなたたちが、ホテルに戻るまで待っています。何時になってもかまわないから、連絡をもらえませんか」

「いや、でも……」

返答に困っていると、お婆さんは言った。

「……あなた、お茶を売りつけられると思っているでしょう」

――えっ？

あまりに図星だったため、言葉が返せなかった。

お婆さんはつづけて言う。

「日本人からは、お金をとりません。とれるわけがないでしょう」

「……どうして？」

「日本人がここ台湾にいた頃、とてもお世話になりました。だから当時、その日本人たちが日本に帰っていくのを見送るのが、心から寂しかった」

「……」

「日本人みんな、かっこ良かった。私たちは日本人に支えられていたんです」

ただ、その表情に笑みはない。

「今でも、NHKを観ています。日本のニュースを観ています。……今の日本は、どうなっているんですか。心が貧しくなってしまったとしか思えません」

「……」

「食べるものがなくても、プライドだけは失わなかった。武士道とも言うべき精神と、誇りがあった。それが日本人だった」

そして、お婆さんはぽつりとつづけた。

――今は、情けない。

文昭さんは、ただ黙ることしかできなかった。

短い旅の中で、そんなできごとが何度もあった。

「お腹、すいてないか？」

「寄っていかないか。俺の家、すぐそこなんだ」

「おにぎりがあるんだ。食べないか」

日本人である自分に、優しい声をかけてくれる。

なんだか、懐かしかった。古き良き日本のぬくもりに触れているような、ふらりと故郷に帰ってきたような、ふしぎな気持ちになった。


その旅で、文昭さんは、ある言葉と出会う。


――リップンチェンシン。

日本精神、という意味の言葉である。

台湾人にとって、最高のほめ言葉であるという。

「まるで、日本人のようですね」

そう言って、相手を褒め、称える。


きめ細かな、おもてなしの心を持っている。

和を以て貴しとなす。

自分の仕事に誇りを持っている。

約束を守る。

自分はさておき、他人のことを第一に考える。

助け合いの精神を持っている。

自然や万物に、愛と感謝する心を持っている。


挙げはじめれば、きりがない。

それらを総称して、「リップンチェンシン（日本精神）」と呼んでいる。


台湾の人たちは言う。

「それぐらい、日本のことが好きなんよ」

……俺、何をしてんねやろ。

先人たちの「志」の高さが、どれほどのものだったのか。文昭さんの予想をはるかに超えていた。見ている世界が、圧倒的に違っていた。

……こんなにも感謝されるなんて。

腹の底から突き上げるものがあった。

忘れていたものを、思い出したような実感があった。


ふと、台湾の人が言った。日本による統治時代を知る、年配の男性だった。

震災に見舞われた日本を心配してくれたうえで。

「あの生きるか死ぬか、限界のときにおいても、和を乱さなかった。暴動が起きるどころか、列さえ乱れなかった。そのことに感動したんです」

そう言って、涙ぐむ。

「……日本の精神は、まだ腐っていない。息づいている」

そのときの涙を流しながら笑った顔が、印象的だった。

そう話してくれた男性は、二〇一一年度、和歌の全島グランプリを受賞した方だった。

台湾には、和歌を詠む会がたくさんあり、その中のグランプリ。

未曾有なる 大震災に 見舞われど 秩序乱さぬ 大和の民ぞ

日本の精神性を詠んだ和歌だった。

◆自分の「いのち」をどう使うか。——何のために、使うのか。

最後に訪れたのが、台南にある飛虎将軍廟だった。


日本人の多くが、その存在さえ知らない。

けれど、そこには日本人が神様として祀られている。——戦死した、ひとりの若者である。

彼の乗った飛行機は、敵軍に迎撃され、激しく炎上。後部から火を噴きながら、墜落をはじめた。その先は、台南の木造家屋が密集している地域だった。

墜落すれば、甚大な被害となる。

「来るぞ、落ちてくるぞ」

だれかが叫び、人々は逃げ惑った。

——そのとき。

何人もの台湾人が目撃した、という。

火だるまとなった飛行機の操縦席で、必死に機首を上げようとする若者の姿を。パラシュートで脱出できるにも関わらず、懸命に操縦桿を放さない若者の姿を。

飛行機の動きが、若者の意思を示していた。

……ここに、墜落するわけにはいかない。

激しく燃えながら、飛行機は最後のチカラを振りしぼるように機首を上げ、民家のはるか向こう、だれもいない山中へと突っ込んでいく。

そして——。爆発、炎上。


「落ちたぞ、向こうの山だ」

みんな、その飛行機のもとへ駆けだした。

もちろん、爆発炎上したため、一瞬だけ見えたあの若者が、どこのだれだか、もうわからない。

かろうじて残っていたその靴に、「杉浦」という文字が確認でき、茨城県出身であることが知れた。情報は、たったそれだけだった。

本当は脱出することができたのに、そうしなかった。

民家への犠牲を出さないために。


自分の「いのち」をどう使うか。――何のために、使うのか。

ひとりの日本人の、日本精神であった。

文昭さんの聞いた話には、つづきがある。


その若者を祀るために、地域の人たちは小さなお墓をつくった。それ以降も、寄付が集まり、お墓はどんどん立派になり、ついに飛虎将軍廟として祀られることになった。

若者はまさに、飛ぶ、虎、であった。

現地の案内人が言う。

「ぜひとも、日本の皆さんで〈君が代〉を歌ってあげてください」

今でも地域の人たちは戦後一日も休まず、飛虎将軍の、供養のために毎日、朝夕には「君が代」、「海行かば」を歌っている、という。

そんな話を聞いていると、ちょいちょい、と裏の倉庫へ手招きされた。

……なんやろうか。

ふいのことに、首をかしげながら、案内されて裏へまわる。倉庫には、地域の人たちが立っていて、文昭さんを待っていたようだった。

その中の、ひとりが言った。

「……じつは明日、ここのお祭りがあるんです。お神輿も出るお祭りで。でも、飛虎将軍のお神輿だけがないんです。ずっとなかったんです」

また、べつの人が言う。

「もちろん、わたしたちでつくることも考えました。でも、やっぱり日本のお神輿にのせてあげたいんです。わたしたちの悲願なんです」

「……」

「飛虎将軍さまに、日本のお神輿を届けてくれる人がいないかな、って。……そんな人が、どこかにいれば」

「……」

——頼まれごとは、試されごと。

思うよりもさきに、身体が反応していた。


さっ、と手をあげる。


その瞬間、台湾の人たちは喜びを爆発させた。歓声をあげ、文昭さんに拍手をおくる。台湾の人たちだけではない。一緒に来ていた日本のみんなも、手を叩いていた。

……いやいやいや。もう、手をあげる流れやったやん。

文昭さんはぽりぽりと頭をかく。

「文昭さんなら手をあげると思ったわ」

居合わせただれもが、そう言った。


やるからには、届けよう。

来年の今ごろ、俺らみんなで、ここに神輿を届けよう。

帰国後、文昭さんはお神輿をつくるための募金活動をはじめた。

やりたい、やりたくないではなく、何故だかよくわからないけれど、気がついたら、ご縁に導かれて、させられている仕事がある。

それが、自分の「使命」である。

「命にかえても、神輿を届けないかん」

全国行脚を重ねながら、「台湾のおもてなしの心」、「リップンチェンシン（日本精神）」を伝えながら、募金を呼びかけていく。

「十円でもかまいません。その十円は、今の自分だけじゃなくて、子どもたち、孫たちに日本精神が受け継がれていく、価値のある十円なんです」

そう言って、募金箱を抱える。

「子どもたち、孫たちが、もし台湾に行くことがあったら言ってほしいんです。〈飛虎将軍廟にも行っておいで。あそこには、日本人が心意気で届けた神輿があるから〉って」

——十円に、十円以上の価値が宿っていく。

「そして、言ってください。〈じつは俺、そのプロジェクトに関わってたんや〉って。〈一緒に届けた仲間のひとりなんや〉って。絶対、子ども、孫にとっての誇りになりますから」

友である文字職人、杉浦誠司さんにチャリティTシャツの文字デザインを依頼。

杉浦さんは、漢字の中に、ひらがなで伝えたい想いを託していく「めっせー字」を書いている。

代表作に、「夢」の中に、「ありがとう」を託した「めっせー字」がある。

そんな杉浦さんに、依頼したのが。

——日台友好。

そこには、「もとめあうより、あたえあう」というひらがなが。

求め合うより、与え合う。

まさに、日本と台湾の関係そのものだった。

また、ある講演会で。

文昭さんは、東日本大震災で被災した女子中学生と出会う。

彼女は興奮した面持ちで言った。

文昭さん。今、いろんな人たちから、お神輿のお金を集めているんでしょ。その中に、被災地のお金を入れてもらえませんか。わたし、台湾の人たちにお礼がしたいんです。お礼もしたいし、今度は被災地のわたしたちから世界中に元気を届けたい。だから、わたし、これから仮設に住んでいる人たちをまわろうと思うんです。みんな、お金ないと思うから、文昭さんの話じゃないけど、五円玉を集めようかな、って。五円玉を集めてくるから、その五円玉でお神輿を飾ってほしいんです。だって、飛虎将軍のお神輿は、日本の宮大工さんがつくってくれて、何百年もきっと、台湾の人たちが担いでくれるものなんでしょ。担いで揺れるたびに、チリンチリンと鳴る。その音は、わたしたち被災地の五円玉。台湾の人たちの優しさのおかげで、いのちをつなぐことができた、感謝とご縁の五円玉。

年に一度でいい。台湾で、被災地の音を鳴らしてほしい。

そんなお神輿にしてもらえませんか。

文昭さんは、彼女の話を最後まで聞くことができなかった。

——涙が止まらなかったから。


彼女の想いは届き、五円玉が段ボールに山ほど集まった。


さらに、全国行脚の中で。

なんと、八田與一さんの孫、八田修一さんとも出会う。

「じつは中村さんが企画された、台湾ツアー。私も行きたかったんです」

「ええっ」

「中村さんが、若い人たちに声をかけてね。台湾へ学びに行こう、八田ダムに行こう。そう呼びかけてくれて、みんなで行こうとしてくれているのを見て、心から嬉しかったんです」

八田修一さんには、柔らかなあの八田與一さんの面影がある。

八田さんはつづける。

「聞きました。飛虎将軍廟にお神輿を届けるんでしょう。来年、お神輿を届けるときには、私も一緒に連れていってもらえませんか」

「も、もちろんです！」

文昭さんは思わず、八田さんの手を握りしめた。


——求め合うより、与え合う。

日本と台湾は、ずっとそうでありつづけてきた。文昭さんは思う。

「きっと、この日本と台湾の関係が、世界を変えるんじゃないか」って。

これからの世界各国の道しるべになるんと違うやろか。

求め、奪うことからは、争いしか生まれない。与え合うことで、お互いの「ありがとう」という気持ちがどんどん増えていく。

それこそ、日本精神が示してきたものなのかもしれない。

◆目のまえの人を喜ばせるために、自分が一所懸命になれば、自然と仲間が増えていく。

「志なんて、あったかな」

文昭さんは笑いながら言う。

志なんて大それたものはなかったけれど、**日々、「何のために」を考えてきた。自分は、何のためにこれをするのだろう、と自問をくり返してきた。**

自問をくり返しながら、「目のまえの人を喜ばせること」に、チカラを注いできた。

――しかし、それがすでに「志」、すなわち「どう生きるか」の答えであった。

目のまえの人を喜ばせるために、自分が一所懸命になれば、自然と仲間が増えていく。渦が大きくなっていく。まわりを変えていくことができる。

考えてみれば、じいちゃんも、父親もそういう生き方だった。だれかの役に立ちたい、というルーツが、自分にもあったのかもしれない。

自分の原点をたどるために、今は亡き父親に尋ねたことがある。

「なあ、俺の〈文昭〉って名前の由来って何なん？」

父親は笑った。

「由来もなにも、俺のつけた名前と違うからな」

――えっ？

初耳だった。

てっきり、親父がつけたものだと思っていた。

「じゃあ、じいちゃんが？」

「いや、じいちゃんでもない。だれ、って聞かれても、名前は知らん」

「名前を知らん？」

……そんなことってあるんか。

だれや、俺を「文昭」と名づけたのは。

「伊勢神宮の方やな」

父親いわく。

どれだけ頭を抱えても、名前が思いつかなかったという。

しかし、役所に届けを出す期日は、刻一刻と迫っている。どうしたらええんやろう、焦った父親は生まれたばかりの我が子を抱いて、伊勢神宮へ駆け込んだ。

駆け込むなり、呼吸を整えながら神主さんにすがった。

「こ、この子に、名前をつけてください」

「え？」

相手は、たいそう驚いた。いきなりあらわれて、「我が子に名前をつけてほしい」と言うのだから、驚くのも無理はない。

けれど、事情を聞くと、その方はぽつりと言った。

「では、文昭ではいかがでしょう」

「ふみあき？」

「文章の文に、昭和の昭で、文昭」

「……中村文昭」

父親が、噛みしめるようにつぶやく。

「ええですね。ありがとうございます。文昭にします」

即決だった。――その瞬間、この世に「中村文昭」が誕生した。


……そうなんや。

だから、名前の由来はわからないという。

「こりゃ、直接、聞いてみるしかないいな」

文昭さんは伊勢神宮に向かった。

尋ねてまわると、どうやら名づけてくださった方は、もう亡くなられたらしい。もうわからへんままなんかな、と思っていると、代わりの人が出てきた。

経緯を説明して、「名前は、文昭といいます」と伝える。

するとその人は大きくひとつうなずいた。

そして言われた。

「なにか、ひとまえで話すお仕事とかされていますか？」

――なんで、わかったんやろ。

「まあ、そうですね」

「本を書いたり？」

「何冊か、書いてきました」

そう答えると、その人はさらに大きくうなずいた。

「……天命です」

「へ？」

「文昭、という名前は、〈文〉すなわち、言葉を司《つかさど》ることを示しています」

「……」

「〈昭〉はひへんに召されると書く。日とは天照大御神、天照大御神に召される、つまり、天命であるということ」

その人の言葉に熱がこもってくる。

「あなたには、言葉を司る役割があります。生まれながらにして、天からそういう役割をいただいている……」

「……」

鳥肌が立った。

偶然だけど、偶然ではなかった。いつのまにか、文昭さんは天命をいただき、その天命に導かれるように生きてきたのだ。

すべては、神様のはかりごとだった。

「どうやった?」

毎日毎日、そう尋ねてくれた、母の言葉を思い出す。

母を、もっと笑わせたい。もっともっと喜ばせたい。その一心で、学校でのできごとをネタに変えて、夢中でしゃべりまくった、懐かしい少年時代。

「どうすれば、もっと喜んでくれるんやろう」

喜ばせたい、が自分の真ん中にあった。

頭をフル回転させて、あの話をしたろか、この話をしたろか。こんなたとえ話を入れたら、もっと面白くなるんと違うか。ずっとそんなことを考えていた。

今思えば、文昭さんの「志」はそのときから、すでにはじまっていたような気がする。今、していることも、あのころと同じ。何も変わらない。

言葉を司ることで、人を幸せにしていく。人の背中を押していく。

むしろ、歳を重ねていくたび、損得のない、もっと喜んでほしい、という「ピュアな気持ち」があらわれてくるようだった。

迷うことなんてない。俺は、これで生きていこう。

そう思った。

決して、平坦な道ではなかった。

でも、導かれている、としか思えない、多くの人たちとの出会いによって、まっすぐ一歩ずつ人生の歩みを進めてきた。

どの出会い、ひとつ欠けても、今の文昭さんはいない。

――長い物語が、今終わろうとしている。
けれど、「中村文昭」という物語は、これからもつづいていく。

監修の言葉

横井　悌一郎

私は、小さい頃から偉人伝が好きでした。

偉人たちの幅広い発想やダイナミックな行動力、そして人を巻き込んでいく人間関係力をワクワクしながら、自分になぞらえて読みふけりました。

そして、青春時代の松下幸之助さんとの出会いから、偉人のモデルは松下さんになり、松下さんの提唱する「人生の経営者」という視点から、ＬＭＰ（ライフ・マネジメント・プログラム）をまとめることになりました。

中村文昭さん、文ちゃんと出会ったとき、彼も偉人伝が好きで、特に坂本龍馬が大好きということで波長が合い、意気投合しました。

文ちゃんはまさに龍馬のごとく、大きな発想、大胆な行動力、そして人に好かれる人間力で歳とともに大きな人物になっていきました。

「頼まれごとは、試されごと」

人にお役立ちして、行動範囲を広げ、最近では先祖やサムシンググレートからの啓示に従うように「天に任せて生きる」人生になっているように感じます。

ご縁あって、文ちゃんが世に出るきっかけをつくらせてもらったことは、この上ない喜びです。最近では、文ちゃんのアイデアや行動は、私にとって最高のテキストになっています。

本著は、「志のチカラ」シリーズの第二巻。

シリーズが、「身近な偉人伝」として、読者の皆さまに生きる勇気やヒントになることを願っています。

あとがき

他人（ひと）に出逢って、自分に出逢う。

中村　文昭

講演などでよく話す、僕をつくってきた言葉です。

原稿のチェックをしているときに、フッとその言葉が頭に浮かんできました。

僕自身、さまざまな出版社から、何冊も書籍を出させてもらっていますが、どれもそのとき、誰と出会い、何を感じたか、自分の体験を書き記していく、つまり僕のことを僕自身が書く、というスタイルでした。

でも、今回の書籍は、ちょっと違います。

第三者（著者の甲田智之さん）が、客観的な視点から書き記していく。

「そうやった、そうやった」

甲田さんと感情や学びがリンクするときもあれば。

「なるほど。そうかそうか、そう捉えるか」

自分ではまったく考えていなかった感情、学びに出会うこともありました。

僕の物語だけれども、僕の物語でないような。

でも、やっぱり僕の物語。


「こいつ（僕）おもろいなあ。会ってみたいなあ」

そう思える、新しい自分に出逢うことができました。自分の人生を肯定的に捉えることができました。


ちょっと話は変わりますが。

現在、テクノロジーの進化が止まりません。

止まらないどころか、「ＡＩ（人工知能）」の爆発的な発展によって、世界は一気に様変わりしようとしています。いくつもの職業がＡＩに代わられる、と言われたり。

でも、どれだけテクノロジーが進化を遂げようが、ＡＩが普及しようが、そのど真ん中にいるのは、僕たち「人間」です。


オンラインであっても、オフラインであっても、そんなことは関係ありません。

人と人のつながりなんです。オンラインでつながってもいい。オフラインでつながってもいい。むしろ、どんどんつながっていく時代になっています。

だからこそ、原点に戻ろう、と思うのです。

「あの人を喜ばせたい。あの人のお役に立ちたい」

今、目のまえにいる人に、真剣に向き合ってください。

そうすることで、想像もできなかったような未来が開けていく。可能性がぐんと広がっていく。自分の天命に出会っていく。

人間は完璧ではありません。むしろ不完全です。

だから、つながりの中で支え合っていく。補い合っていく。そこに喜びが生まれる。本来の自分、天命に出会っていくのです。

ＡＩをはじめとするテクノロジーにはない、人間らしい不完全さがあればこそ。

思いっきり人間くささを楽しみましょう。

出逢いを通して、自分に出逢う。
良き出逢いにめぐり逢いますように。

参考文献

『お金でなく、人のご縁ででっかく生きろ！』中村文昭　サンマーク出版
『お金でなく、人のご縁ででっかく生きろ！（2）』中村文昭　サンマーク出版
『人生の「師匠」をつくれ！』中村文昭　サンマーク出版
『コミック版 お金でなく、人のご縁ででっかく生きろ！』中村文昭　サンマーク出版
『「話し方」ひとつで、人生はでっかく変わる！』中村文昭　サンマーク出版
『何のために』中村文昭　サンマーク出版
「みやざき中央新聞」宮崎中央新聞社

＜プロフィール＞

監修■横井悌一郎（よこい ていいちろう）

1943 年徳島県生れ。兵庫県立神戸高校、京都大学経済学部卒業。ピート会計事務所、中谷公認会計士事務所を経て、横井林業グループ代表となる。公認会計士。大阪青年会議所理事長（1981 年）。パナソニック創業者松下幸之助氏との出会いから人間力の大切さに気づき「人間力磨きと人持ち人生」をライフテーマとする。LMP（ライフマネジメントプログラム）人持ち人生塾を創設（1976 年）し多くの志あるリーダーと幸せなチームを育てている。

著者■「志」作家　甲田智之（こうだ ともゆき）

1984 年大阪生れ。岡山県真庭市在住。株式会社はこらぼ 代表取締役。摂陵高校、京都精華大学卒。宝石卸の営業職を退職後、「100 日 100 人インタビュー」を行いながら、ライター・編集者として独立。2016 年に岡山県真庭市へ移住。作家業を生かした地域おこしに携わる。神戸のコミュニティ紙で童話を連載している他、ウェブサイト「COCO 真庭」のチーフライター、「5 分後の隣のシリーズ」（学研プラス）の一部ノベライズを担当している。自分史の代筆も行っている。

シリーズ「志のチカラ」②

中村文昭という生き方

出会いを通して自分に出会う！

2019年12月3日　初版第1刷発行

監　修	横井 悌一郎
著　者	甲田 智之
発行者	池田 雅行
発行所	株式会社 ごま書房新社 〒101-0031 東京都千代田区東神田1-5-5 マルキビル7F TEL 03-3865-8641（代） FAX 03-3865-8643
カバーデザイン・扉文字	株式会社メイク 角谷 俊彦
DTP	ビーイング 田中 敏子
印刷・製本	倉敷印刷株式会社

ISBN978-4-341-08752-4 C0030

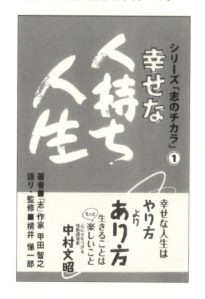